女子が毎日トクをする人間関係のキホン

有川真由美

PHP

まえがき

「こんな人と友だちになりたい」と思われる人
「さっぱり」しているけれど、礼儀はわきまえていて温かい人
自分の意見ははっきり言うが、他人とのトラブルにもうまく対処できる人
すべての人に好かれることをめざさず、どんな相手も敵にはしない人……

この本がめざすのは、そんな女子です。

ひと言でいうと、自分も相手も大切にしていて、人間関係がうまくいく人。

そんな人は、結果的にとっても〝トク〟をします。

たとえば、「イヤな人がいなくなり」「人に評価され」「引き上げてもらえる」ということが起こり始め、新しい環境でも、「人の輪にすんなり入れ」「情報を与えてもらえて」「なにかと声をかけられる」などなど。

人間関係をよくするだけで、毎日の生活や、仕事に驚くような変化が起こります。

この本は、私が出会ったすばらしい女子の人間関係のスキルや、私がさまざまな職場で実際に経験してうまくいった行動の中から、とにかく効果の高い方法を選んで、100の項目にまとめました。

「これは使えそう！」というものから、どんどん試してみてください。

女子たちに、「いまの悩みは？」と聞くと、「同僚にイヤな人がいる」「上司に振り回される」「親との関係がうまくいかない」「彼氏（夫）がわかってくれない」など、最初にくるのは人間関係の問題ばかりです。

ところが、人間関係をどう操縦したらいいのか、私たちは、学校でちゃんと教えてもらっていないし、職場でレクチャーされることも、ほとんどないでしょう。

ここで、ちょっと立ち止まって、「うまくいく方法」を身につけてみませんか？

あなたの〝接し方〟が変われば、すぐに相手の態度が変わってくるのを実感できるはずです。なにより、あなた自身の心がラクになって、むやみにイライラしたり、悩んだりする時間が減ってくるでしょう。

人間関係は悩みのタネにもなりますが、女子の人生を支えてくれるのも、高めてくれるのも、運を運んできてくれるのもまた、「人間関係」です。

どんなにお金や労力を費やしても得られないような恩恵が、人間関係の中にはあります。

人間関係はキホンに始まり、キホンに終わる。

本書を学んだあなたは、それを手にすることができるのです。


では、まずはキホンの最初のステップとして、「戦わない」という方法をお伝えしていきましょう。

相手がどんなイヤミな発言をしても、戦わないあなたはすばらしいのです！

第1章 戦わない

contents

第3章
あなたのまわりの困った人のトリセツ

contents

第4章

人間関係でソンをしないで生きていく

第5章 対立せずに自分の気持ちを伝える方法

contents

第6章

他人に振り回されずに生きていく

第7章 「自分は自分、人は人」で生き抜く

contents

第1章

戦わない

01 人間関係は、戦うとソンばかり

人生に勝利する方法

この本の冒頭で伝えておきたいのは、このことです。

「人と戦うのはソンすること」

「戦わないほうがトクをする」

たとえば言いがかりをつけられた、悪口を言われた、見下された……など、相手の言動にムカッとすると、同じくらいの辛辣《しんらつ》さでやり返したくなりませんか？

ある人から、上から目線のキツいひと言を言われたとします。

カッとして「どういう意味？　あなたに言われたくないし」などと言い返したら、相手の攻撃はさらにエスカレートして口論になるかもしれません。

ここで考えてみてください。それで、あなたはなにを得られましたか？

相手が「見下したりして、ごめんなさいね」と謝ってくれるでしょうか？

ほぼ、ありえませんよね。たいていは、お互いに気まずくなったり、チクチクとイヤミを言ったり、無視したり、悪口を言い合ったりすることになるでしょう。

あなた自身、人と戦うことで、はげしく消耗するはずです。

こんなことはないでしょうか？

なにかと比較して優劣を競う相手と、つい張り合ってしまう。「あなたが悪い」と批判する相手に対して、言い返さなきゃ気がすまない。いつも口論でやり込められている相手を、なんとか打ち負かしたいと考えてしまう。自分の価値観を押しつけてくる相手に、必死になって抵抗する……。であれば、いつもイライラ、ヘトヘトになっているはずです。

このような〝戦い〟をするのは、大損をしているということ。

厖大《ぼうだい》な時間とエネルギーをムダに使ったうえに、人間関係は悪化して、仕事や生活の質にも影響してくるのですから。

勝ってもなんのメリットもない相手なら、戦ってもバカバカしいだけです。

目の前の小さな戦いに執着することは、あまりにもリスクが大きすぎます。

この本では、まずは「戦わずして勝つ」方法をお伝えしていきます。

賢い女性は、人との勝負に足をとられず、人から恩恵を与えてもらいながら、自分の人生に勝利していく道を選ぼうではありませんか。

02

ムカッとしたら、「相手の問題」と考える

怒りがわいてきたときの心得

イヤなことを言われた、無視された、批判された……そのとき、だれもが感じる感情は「怒り」です。怒らせた相手に仕返ししたい、戦いたいと、とっさに思うものです。

でも、怒りにまかせて戦ったところで、あなたが得られるものは何かというと――すっきりする気分、それだけではないでしょうか？

一時的にすっきりしても、相手との間にしこりが残ります。それに、口論をしていると、理由はどうであれ、まわりからは「幼稚な人たち」と思われてしまいがち。あなたは、「自分は悪くない」と理不尽に思うでしょうが、同レベルに判断されてしまうのです。

「戦ってもなんのメリットもない」「ソンするだけ」と自分に言い聞かせましょう。

とはいえ、批判されると、やはり腹が立ちます。

そんなときは、どのように心の動揺を抑えたらいいのでしょうか。

「あの人のイヤなところは、あの人の問題」と考えればいいのです。「あの人をどうにかしたい」と考えすぎてしまうから、戦いのドツボにはまるのです。

あなたのまわりに、変わってほしい人はいくらでもいるでしょう。なにかと難癖をつけたがる人。「私のほうが上」と、優劣を競おうとする人。人の弱みにつけこんで足を引っ張ろうとする人。自分の価値観を押しつける人などなど。

そんな人の〝イヤなところ〟は、相手の〝気の毒〟な部分です。

おそらく育ってきた環境や人間関係によって、気持ちが毒されているのでしょうが、そこは私たちには関係ありません。「相手の問題」ですから、考える必要はないのです。

私たちにできるのは、自分の心が毒されないように気をつけることだけです。

人間関係の前提としてお伝えしておきたいのは、「他人を変えることは、絶対にできない」ということ。私たちがどんなに悶々《もんもん》と相手のことを考えても、居酒屋でグチっても、相手が変わることもなければ、状況が好転することもありません。

ならば、「あの人はそういう人だ」とさっさとあきらめて（明らかに認めて）、相手にせず、心穏やかに過ごす対処をしたほうが身のためです。

相手のことを考えすぎて、自分を苦しめてはいけません。考えそうになったら、「これは相手の問題」「だから相手にしない（気にしない）」と自分にストップをかけてください。

03
戦わないあなたはすばらしい

人とのトラブルが消え、いいことがどんどん起こる

人に対しての怒りは、「自分が正しい」「相手は間違っている」という状況を確認した瞬間から起こるものです。

「自分は正しいのに、ソンをしている！」と感じるから、怒りがわいてくるのです。

しかし、「自分が正しい」と思うように、相手も「自分が正しい」と思っています。どう考えても相手のほうが間違っていても、相手は「自分が正しい」と思い込んでいるものです。

人の悩みの9割は「人間関係」だといわれていますが、その根っこにあるのは、「自分が正しい」「相手は間違っている」と感じるからなのです。

ここで、「相手が間違っているから」と思って戦っても、意味がないことがほとんどです。お互いの「正しさ」を一致させるために戦う必要はないのです。

「そうきましたか。ならば〜」と相手を否定せず、しなやかに対処する。言い返したり、口論したり、不機嫌になったりせずに、さらりと切り抜ける……そんな戦わない習慣がしっかりと身につくと、人間関係は穏やかになって、いいことがどんどん起こります。

たとえば、仕事においては「評価される」「助けてもらえる」「実力を発揮できる」「引き上げてもらえる」ということが起こり始め、新しい環境でも、「人の輪にすんなり入れる」「情報を与えてもらえる」「なにかと声をかけられる」などがあることでしょう。

相手を変えることはできなくても、自分の接し方を変えるだけで、相手のあなたに向けられる目や、あなたに対する行動は、確実に変化してきます。

スポーツ選手がスキルを高めることでなく、人間関係をよくすることに注力したら、試合結果がよくなったり、職場で人間関係が改善されたら、仕事を楽しんで業績が上がったりするといいます。よくも悪くも、つねに人間関係は、人に影響を与え続けるのです。

戦わないだけで、不安や悩みが減って、ストレスフリーに自分のやりたいことをやったり、毎日の生活を楽しんだりできるようになるのです。

つまり、戦わないあなたには、すばらしくおトクな人生が待っているということです。

人生をご機嫌に進むヒント

04 人間関係の戦いに対処する5つの方法

「戦わない人間関係」とはなんでしょうか？

繰り返しますが、戦うことでソンをしないということです。

ここで、考えなければいけないのは、「最終的に、どう決着したいのか？」ということ。

戦わないことでストレスを感じたり、お互いの溝が深まったりしては元も子もありません。

傷つけ合わずに、人間関係をラクにして、自分の目的を遂行する、というところを目標に設定しましょう。結局、人間関係がうまくいく人は、そういうことをしているのです。

ただ仲良くなることや、相手に勝つことが目的ではなく、あくまでも、「自分の人生をご機嫌に進んでいくこと」が目的です。

それを前提として、**人間関係の戦い（いざこざ）でとるべき戦略は5つ**です。

①　戦う
②　スルーする
③　距離を置く
④　逃げる
⑤　ひょいとかわす

まず、①の「戦う」は、これまでお伝えした通り、お互いに傷を負ううえに、逆に面倒なことになるのでやめたほうがいいでしょう。ただし、本気度を見せる場合や、ケンカしてでも納得した結論を出したい場合など、最終的な手段として戦うことはあります。

②〜⑤は、「戦わない術《すべ》」です。

「戦わない」とは、人間関係の戦いを〝精神的に〟放棄することです。

面倒な相手のことを深く考えてはいけません。相手の性質や、いまの状況によって、②〜⑤の戦略で柔軟にあたれば、心の快適さを取り戻せるのです。少しでも状況をよくしたいのなら、話し合うことやお互いに協力することで、平和的な解決もはかれるでしょう。

女は「強さ」でなく、「しなやかさ」で勝負です。

それでは、②〜⑤の戦略について、一つずつ説明していきましょう。

05

基本的には、「言わせておけばいい」

カチンときてもスルーする

知人のなかに、典型的な嫌われタイプのAさんがいます。過去の栄光や家柄などの自慢がしつこい。自分よりも〝下〟だと思う相手には小バカにした態度をとる。わざと人が傷つく言い方をする。自分より〝上〟の人には媚《こ》びる……というような。

共通の知人は「ムカつく～」などと腹を立てていますが、私には、それほどイヤな感情はありません（攻撃が自分に向けられると、一瞬、イラっとすることはありますが）。

なぜなら、彼女がそうなったのは、よくも悪くも、〝育ち〟の問題だからです。いえ、バカにして「育ちが悪い」などと言っているわけではありません。育ちとは、幼少期だけでなく、いまに至る長い歴史。そんな言動をとる仕方のない事情があるということです。

また、Aさんは現在、幸せでなくて、人に当たりたい心境なのかもしれません。

が、しかし、それはこちらの知ったことではありません。人の心の中なんて、そんなに簡単に理解できるものではありませんし。

ということで、**基本的には、「言わせておけばいい」とスルーするのです。**

カチンとくる部分は、表面的には聞いている〝フリ〟をして、心ではシャットアウトしてください。相手の〝闇〟の部分につき合う必要はないと心得て。簡単に人を批判したり、簡単に見下したりする言葉というのは、あなたにとって必要な言葉ではないはずです。

これは無視とは違います。たとえば、同僚から「忙しいときに、よく休めるよね」とイヤミを言われたら、「ご迷惑かけちゃって申し訳ありません」と、その場を軽く流せばOKです。陰口を言われた相手にも、「お疲れさまです～」と挨拶だけすればいいでしょう。

相手のイヤな言動は、基本的には〝相手〟の問題で、〝こちら〟の問題ではありません。

相手の責任と、自分の責任をごっちゃにしてはいけない。「私、なにかした？」と意味を探る必要もないし、「そんなことはない」と反論して理解を求める必要も、「私って嫌われているんだ」と話にのって悩む必要もありません。

相当な労力が要りますし、そもそもほとんどは大した問題ではないでしょう。

やるべきことは、「自分に必要な部分を聞き入れて、あとは聞き流す」ということ。イヤな感情をもたなければ、相手のいい部分にも気づいたり、仲良くなれたりするのです。

心の中でバトルを繰り返して、こじらせてはいけないのです。

06

戦いが起こりそうな人との距離のとり方

ほどほどの距離感を見つける3つの方法

人間関係のバトルが勃発してしまうのは、たいてい、距離が近すぎるときです。

この〝距離感〟、女性の人間関係にとって、もっとも注意するべきポイントでしょう。

上下関係でつながる男性に対して、基本、フラットな関係の女性は、それぞれの相手に対して、ちょうどいい距離感をもつことで、安心できる関係をつくってきたのです。

仲がよければいい、相手のことをよく知っていればいいということではありません。

人それぞれ、快適に過ごせる心の〝パーソナルスペース〟があるもの。そこに他人がむやみに入ってくるとイラっとしてしまう。摩擦が多くなったり、価値観の違いが見えて、不満が出てくるようになったり、気がゆるんで余計なことを言ったりするように。つき合いが濃くなるほど、「嫌いな点」「困った点」は見えてくるので、戦いが起こりそうな人とは、それが気にならないところまで距離をとることが大事。「つかず、離れず」、ほどほどの距離感を見つけるために、気をつけるべきはつぎの３つ。

①まずは、自分の心地いい距離感覚を大事に　相手の言葉や表情などで距離感をはかることも大事ですが、いちばんは自分の心の状態。〝心の距離感〟を意識して。イライラ、モヤモヤしたら「離れて！」のサイン。一緒にいる時間や接し方を見直すときです。

②自然体で接しながら、徐々に距離をとる　困った相手に「嫌なんですけど」という態度で接すると、空気が悪くなるもの。最低限の礼儀を守りながら、用事があるときは声をかけたり、必要があればサポートしたりしながらも、自分のことを多く話さない、用がすんだらさっさと引き上げるなど、あっさりと普通に接しましょう。自然の流れに任せて、少し近づいたり、少し離れたりしているうちに、いい距離感がつかめてくるはず。

③複数の活動拠点と、熱中するものをもつ　同僚や家族など毎日顔を合わせている人には、黙っていても影響を受けるもの。狭い世界になればなおさら、距離感を考える必要があります。いい緊張感と思いやりで接するためには、適度な気持ちの切り替えが大事。複数の活動の場をもつこと、なにかに熱中することで、心のバランスをとりましょう。

長くつき合っている嫁姑《しゅうとめ》や同僚などに、「うちのお義母さん（同僚）、ほんとにいい人なの」などと好感をもち続けている人は、一定の心の距離感を保てているからです。ほどよい距離感は、相手を尊重して大切にするためのマナーなのです。

07

感情的になっているときは、いったん退散する

逃げるのは、生き抜くための大切な処世術

「退散する」とか「逃げる」というと、卑怯者《ひきょうもの》のようですが、生き抜くためには必要な処世術の一つです。

とくに、あなたが感情的になっているときは、いったん引き上げることをおすすめします。なぜなら、**感情的になると、思考が停止し、判断力がなくなってしまうからです。**

たとえば、上司からの叱責にひどく腹が立ったら、「そんな言い方ってないんじゃないですか！」と戦闘モードで反論したくなります。「このままだと負けたようだ」と思うかもしれません。が、感情的に戦うと、問題が解決するどころか、戦いが別な方向に進んだり、複雑になったりするでしょう。

それに感情的になるほど、相手が〝にっくき敵〟に思えてきます。

感情的になるのがいけない、と言っているのではありません。そりゃあ、人間だれしも、

イラっとくることはありますが、その感情をそのままぶつけると後悔するのは自分です。瞬間湯沸かし器のようにカーッと熱くなっているときは、いったん冷めるまで待って、冷静になってから、つぎの一手を打てばいいのです。

大人の女性なら火に油を注ぐのではなく、傷を最小限にして戦いを食い止めるべきです。カーッとしたときは、心の中で「1、2、3……」と数を数えましょう。

瞬発的な感情は長く続きません。10も数えると、だんだん落ち着いてきます。

「わかりました」「ちょっと用事が……」などと努めて冷静に言って、いったんその場から離れましょう。お茶を飲んだり、体を動かしたりしながら、夜のゴハンのメニューでも考えていると、怒っていたことについては、だんだんどうでもよくなってきます。

熱くなっている心を冷ますには、いったん「空間を変える」「時間をおく」「別の行動をとる」が効果的。だんだん、自分や、いまの状況を客観的に見られるようになってきます。

賢明な解決策を考えるのは、それからのことです。

相手が感情的なときや、パワハラやいじめ、ドロドロとした陰湿な人間関係のときも「逃げる」は必要な一手。関わる必要があれば、できるだけ冷静なときに対処しましょう。

真面目な人はなんとか乗り越えようとしますが、いちばん優先すべきは自分の心と体の健康です。「逃げる」も解決策の一つであることを覚えておいてください。

08
相手の攻撃をひょいとかわす

自分のペースに持ち込む戦法

これまで戦略として、「スルーする」「距離を置く」「逃げる」についてお伝えしてきましたが、それだけでは問題が解決しないこともあります。

相手がなにかと刺々《とげとげ》しかったり、戦闘モードだったりするけれど、「それでも、こちらの意を汲《く》んでほしい」というときには、〝交渉する〟ということが必要になってきます。

その場合、「ひょいとかわしながら、自分のペースに持ち込む」という戦法があります。

この戦わない精神は、「合気道の精神」と似ています。合気道は試合の勝ち負けがなく、〝技（テクニック）〟を通して、相手との対立を解消しようとするもの。護身術などにも見られるように、相手の攻撃をふにゃっと骨抜きにして、一気に有利な方向にもっていこうとするものです。

「ひょいとかわす」というのは、「相手の攻撃を正面から受けない」ということです。

そのプロセスを**【敵をひょいとかわす戦法】**に置き換えると、つぎのようになります。

①【結び】相手に呼吸を合わせて出方を読む⇩相手の〝欲求〟を理解する

②【導き】相手の懐《ふところ》に入って無力化⇩相手を〝安心〟させてあげる

③【崩し】体勢を崩してから技をしかける⇩気をゆるませてから発言する

まずは、相手の立場になって「どうしたいのか」という本当の〝欲求〟を理解することです。たとえば、目の敵《かたき》にして批判してくる人がいたら、「自分が優位でいたいのね」とわかるでしょう。上から目線で自慢する人がいたら、「認めてほしいのね」とわかるはずです。敵意を向けてくる相手は、「なにか困ったことがある気の毒な人」なのです。

だから、２の〝安心〟させてあげることです。媚びる必要もありませんが、先手を打って、「○○さんには、かないません」「さすがだと思います」というように敬意と好意をちょこちょこ示していれば、相手は安心して、戦意がゆるんできます。

大切なのは、〝表面的に〟合わせること。心ではなにを思っても自由。人間関係は「どう接するか」が重要なのです。

そこで、３の穏やかな状態になったときに、「教えるときには、やさしくお願いしますね」などとさらりと言いたいことを言うのです。最終的には笑顔モードになることを目標に。

「ひょいとかわす戦法」については、第５章で詳しくお伝えしましょう。

09

人間関係は悩む時間がもったいない

どんな人間関係でもできるだけ悩まないで生きるコツ

人間関係で悩まない方法は二つ。一つは、人間関係をよくすること。もう一つは、悪い関係でも、あまり悩まないこと。

もしあなたが、「人間関係がよくないときは、悩まなければならない」と考えていたとしたら、悩みは尽きないはずです。人間関係をよくしようと心がけることは大事ですが、すぐに関係がよくなるわけではありません。

どんな人間関係でも、あまり深く考えずご機嫌に過ごせたほうがいいでしょう。

【どんな人間関係でもできるだけ悩まないで生きるコツ】は、「人間関係はよくなければいけない」と考えるのをやめること。代わりに、〝人間関係〟〝相手〟〝自分〟に対して「これはこれでいい」と考えるだけで、たいへんラク。人間関係がよいことは、必須ではないのです。悩みそうになったら、つぎの3つの言葉を自分にかけてあげてください。

❶ よくない人間関係を「いまは、このままでいい」　人にはそれぞれの考え方があるのですから、摩擦があるのはあたりまえ。「そのうち、よくなることもあるだろうから、いまは、このままでいい」「仲良くならなくてもいい」「距離を置いてもいい」「それなりにつき合っていればいい」などと思っていれば、それほど苦しまなくてすみます。

❷ 困った相手については「こんな人もいる」　イヤな思いをさせる人を、「ひどい」「信じられない」「許せない」などと思っているのと、「こんな人もいる」と考えるのとでは、ストレス度がかなり違います。相手にイライラしているときは、相手に変わってもらうことを期待しているので悩みの種はなくなりません。

「こんな人もいる」で現実を認めたら、ラクに人とつき合えるようになります。

❸ 人づき合いがうまくいかない自分を「そんな自分でもいい」　思いどおりの人間関係が築けない自分を「どうして私はこうなのか？」「嫌われているのではないか？」などと考える必要はありません。それが自分だからしょうがない。それより、悩みそうになったら、「それは考えなくてもいい」と、頭の中から追い出すクセをつけましょう。

だんだん悩むこと自体が少なくなり、あなたのオーラは明るいものになってきます。

悩み苦しんだからといって、人間関係がよくなるわけではありません。悩んでいる時間がもったいない。大切な時間は、少しでも多くの幸せを味わうために使ってください。

10 凹《へこ》んでも自分を否定しない

人の言葉を真に受けてはいけません

先日、バスを待っていたら、先輩女子が後輩女子に対して「何度言ったらわかるの⁉」「普通はこれくらいのこと、すぐに理解できるでしょう？」とキツい言葉を浴びせている場面に遭遇しました。後輩女子は、「すみません」と消え入りそうな声……。

そう、真面目な人ほど、相手の言葉を真剣に受け止めてしまうものです。自分を否定して責めたりしてまで、相手の言葉に真面目に取り組もうとしているわけです。

でも、ちょっと待ってください。その言葉、真剣に受け止めるべきなのでしょうか？

ここでは、あなたを否定する（と思われる）言葉、あなたを困惑させたり、傷つけたりする言葉の本質について考えてみましょう。

人はいろいろなことを言います。真面目で思慮深い人を「暗い！」とカンタンに言う人もいるし、親切でやったことに対して「お節介」と悪口を言う人もいるでしょう。

でも、**それは「その人の価値観の投影」にすぎません。**

さらにいうと、悪口は「自分が過去に言われたこと」や「過去にイヤな気分を味わったこと」から生まれます。つまり、その人はあなたを通して自分を見ているのです。「自分が言われたとき、イヤだったなぁ」ということを言っているだけなのです。

そんな人は、自分の吐いた言葉がその人の心や行動にどんな影響を与えるかまで考えて、言葉を発してはいません。自分というフィルターを通して、「自分が正しい」と思った言葉をしゃべり、数秒後にはなにを言ったかさえ忘れているのです。

だから、**「他人が思うこと」と「自分が思うこと」を切り離してください。**

「相手がそう思ったから言っただけ」「しょうがない。これが自分だから」でＯＫです。相手や自分が「正しい、間違っている」とジャッジする必要はありません。「ふーん、そう思うんだ」、凹んだときは「そりゃあ、凹むよね」と、俯瞰するように、その〝事実〟だけを確認しましょう。上司でも、親でも、専門家でも、自分の言いたいことを言っているだけ。自分にとって必要なことがあれば、それだけ取り入れればいいのです。

最初は、なかなかうまくいかないかもしれませんが、「真に受けるのはソン！」と言い聞かせて、「相手と自分を切り離すこと」ができるようになると、鎖から解き放たれたように、心が軽くなります。ムダに相手や自分を責めることもなくなるはずです。

11 相手の〝怖さ〟の正体を冷静に考える

怖い人とのつき合い方

ほとんどの職場に一人か二人は「怖い」と感じる人がいるもの。そのため、「上司が怖いから、報告をするときに萎縮してしまう」「態度が大きい隣人が怖くて、黙ってしまう」など、怖い人がいるから、人間関係が苦手だと思ってしまうことがあります。ここでは、その〝怖さ〟の正体を考えながら、**【怖い人とのつき合い方】**をお伝えしていきましょう。

1 「相手のなにが怖いのか？」と考えてみる

まず、冷静になって、どの点がとくに怖いと感じるのか考えてみましょう。口調がキツくて怖い、態度が威圧的で怖い、顔が怖い、押しが強くて怖い、なんとなく怖いなど、さまざまな理由があります。

「私は感情的に怒られるのが怖いんだ」というように、その理由がわかれば、対処のしようがあります。なるべく怒られることを避けるか、叱られても「大丈夫。私は怒られることが苦手なだけ」と考えることもできます。押しの強さが怖い相手なら、「なるべくそんな場面をつくらないようにしよう」とするなど現実的に対処しましょう。

②「現在の怖さなのか？　過去の怖さなのか？」と考えてみる

〝怖さ〟の原因のほとんどは、いままでの人生で得た経験からくるもの。たとえば、「子どものころ、先生にひどく怒鳴られた」「態度の大きい同級生にいじめられた」など、ひどく怖かった経験があると、防衛本能で二度と同じ体験をしたくないと思います。これによって起きる感情が、〝怖さ〟の正体なのです。恐怖を感じているときは、冷静な判断ができず、「相手が怖い＝私は無力」と当時の感情を何度も反芻《はんすう》して、頭の中に刷り込んでいます。ただし、これは誤解というもの。たとえ、いま、感情的に怒る人がいたとしても、「いまは十分な大人だから、そんなに怖がる必要はない」と思うことで、恐怖はいくらか和らぎます。

③「彼女（彼）が中学校の同級生だったら？」と考えてみる

「怖い」と感じるときは、相手の怖さだけが浮き彫りになっている状態。でも、怖い人も普通の人間なのです。中学校で机を並べていたら、一緒に先生に怒られていた仲かもしれません。心の中でおもしろいあだ名をつけて「〇〇ちゃん」などと呼んでみるのも、怖さを和らげるのに意外に効果的で、だんだんかわいく見えてくるほど。いっそ、親しい友人に「職場に怖い人がいるんだよね。この前も怒られちゃって」などと笑い話のネタにしてもいいでしょう。怖くても、いまは無力な状態ではありません。気楽に、ゲーム感覚で楽しんではいかがでしょう。

12

人間関係で心をすり減らさない

いますぐやめるべき
3つのこと

人と戦っているわけではないけれど、人間関係で気を遣いすぎてものすごく疲れる……
という人がいるのではないでしょうか。

じつは、かつての私がそうでした。人の輪に入ろうとすることや、人とうまくつき合うこと、人に意見することなど、なにをするのにも人の顔色をうかがってしまう。そのくせ、「あの人はおかしい！」という批判もあって、いつもイライラ、クヨクヨ考えてばかりいました。現在、人間関係で悩むことがなくなり、どんな人とでもうまくやれる自信がついたのは、３つのことをやめるクセをつけたからです。

① 「人と比べること」をやめる

② 「人に合わせること」をやめる

③ 「人の目を気にすること」をやめる

つまり、「人は人、自分は自分」で生きることです。「自分は劣っているのでは？」「人とズレているのでは？」「認められていないのでは？」とばかり考えるのは、人と自分の区別がつかず、つねに一致させようとする生き方。だから、むやみに自己主張をしたり、相手に無理に合わせたりしてしまうのです。

これは、人々が狭い村社会のなかで、人と同じことをやって、人目を気にしながら生きてきた歴史の影響が大きいのかもしれません。が、現代は、自分自身で人生を切り開いていくことができます。「人それぞれ」でいいのです。

私は、かつてのクセをやめるために、よく**「人は人、自分は自分」「私には私の価値がある」**とつぶやいていました。そして、**とにかく〝人〟ではなく、〝自分〟の心を基準にして選択するようにしたのです。**

小さなことでいえば、同僚がどうであろうとランチは自分が食べたいものを食べる、人から批判されてもやりたい仕事や遊びをする、というように。

すると、人の言っていることが気にならなくなり、自然体で人と接するようになってきました。人間関係だけでなく、生きることそのものがラクになったのです。

人間関係で心がすり減りそうになっても、自分自身の考え方を変えることで和らげることができるのです。

13

「思い」と「言動」は違ってもいい

人間関係で〝精神レベル〟を上げる心得

先日、40代の働く女性たちが、こんなことを言っていました。

「20代のころ、飲み会でお酌させられたりしたときは、本気で腹が立っていたけど、バカみたい。いまだったら、そんなことぐらいで相手が喜ぶなら、平気でするわよ」

「わかる。若いころは、人とトラブってでも『なんで私が謝らなきゃいけないの？』って意地張ってたけど、いまは、それでまるく収まるなら、いくらでも謝ってあげる」

年を重ねて心の余裕が出てきたということもありますが、私はこんな状態のことを、「〝精神レベル〟が上がった」と考えています。精神レベルの高い女子は、人と同じ精神レベルで争いません。心がつねに無傷で、人を傷つけることもないのです。

そんな**【人間関係で〝精神レベル〟を上げる心得】**をご紹介します。精神レベルの高い考え方ができるようになれば、人間関係は驚くほどラクになります。

1 心の中では、なにを思ってもいい

人の心はつねに自由。だれもコントロールできないし、だれも覗くことはできません。「あの人、イヤだなぁ」「幼稚ねぇ」などと思ってもいいのです。湧き出てくる感情は変えられません。「イヤな感情をもってしまう自分はダメ」などと自分で責める必要もなし。安心して、なんとでも思いましょう。

2 「思い」と「言動」は違っていい

「思いと言動を一致させなければ、ストレスがたまる」「裏表があるように見える」などと思っていませんか？　それは〝精神レベル〟が低い場合。だれもが思いどおりの言葉を発していたら、トラブルが絶えません。自分の思いは自分でわかっていればいいのです。イヤミを言われても、ムキになってはソン。心の中で「この人、なんなのよ！」と思いつつも、「あら、そうお？」などとかわしましょう。

3 相手を傷つける行為は、〝精神レベル〟が低い証拠

精神レベルが高い人は、他人も自分も傷つけることは、なによりリスクが高く、精神レベルを下げることを知っています。悪口も言わず、むやみに批判することもありません。人にやさしい神対応をすることで、精神レベルは、ぐんぐんアップしていきます。すると、自信がついて不思議なほど人にイライラしなくなり、さらにやさしくなれる……と、いい循環ができていきます。

だまされたと思ってやってみてください。気分がいいし、自信がもてるようになります。あなたの心、言葉、行動は、いつも自由で自分が決めることを忘れないでいてください。

14 女子の村社会で生きていくための鉄則

〝競争〟より〝協力〟で生きる

「女の人間関係はたいへん」なんて言われますが、これは、「どうしてそうなってしまうのか？」という本質を押さえていれば、それほどむずかしくありません。

女性は、村社会の中で仲良くなるためのコミュニケーションをとり、助け合うことで生きてきました。「最近、野菜がめちゃ高いですよね」なんて共感できる話題で近づいたり、「ほんとにそう。ちょうど実家から野菜が送られてきたからお裾分け……」と小さな助け合いをしたりすることは、生きていくための基本的なテクニックでしょう。

女子の人間関係は「わかる、わかる」という共感と、「お互いさま」という助け合いの精神で成り立っているのです。

こんな女性たちにとって、〝敵〟になってしまうのは、どんな女でしょう？

そう、「調和を乱す女」です。自分だけいい思いをしよう、自分だけ優位に立とうという女は、「出る杭《くい》は打たれる」。屈折した嫉妬によって、容赦ない制裁が待っていると覚悟したほうがいいでしょう。**そんな女子の村社会で生きていくための鉄則は３つ。**

❶ 恩はいくらでも売っておく　「ギブ＆テイクでいきましょう」というケチ臭いビジネス精神ではなく、「好きでやっていますから」というボランティア精神で。恩を与えていれば、かならずどこからか返ってくるものです。

❷ 自己顕示欲はほどほどに　自慢話や見栄っ張りな行動、「認めて」アピールは鬱陶しがられるもと。自分でアピールしないほうが逆に価値が高まり認めてもらえるのです。

❸ 「我が道を行く」アピール　「人は人、自分は自分」で目的に向かって進んでいる姿を見せたら、人間関係のゴタゴタに巻き込まれにくくなり、逆に応援してもらえます。

簡単にできる具体的な行動については、第2章で詳しくお伝えします。

人間関係の摩擦がないように、ただ調和していればいい、というわけではありません。生きていれば意見が違ったり、自分だけが幸せになったりすることも多々あります。だから、普段は「共感する」「協力する」で、「あなたの敵ではないから、安心して！」という姿勢を見せるのです。そんな信頼関係を重ねていけば、まわりはあなたを認め、応援し、成功を喜んでくれる、心強いサポーターになってくれるのです。

女の人間関係は、〝競争〟よりも、〝協力〟の体制でいきましょう。

第2章

人間関係でトクする人

15 ちょっとしたひと言をこまめに伝える

簡単に好意が伝わる「ちょっとしたひと言」

人間関係がうまくいっている人は、ちょっとしたひと言をこまめに伝えています。身近な人との風通しがよくなると、安心して毎日を送れるというもの。「自分からは話しかけにくい」という消極的な人もいますが、同僚やママ友、友人など、よく顔を合わせる人に挨拶＋αで「最近、雨が多いですね」「忙しいですか？」「週末のイベント、どうでした？」など、ささいな言葉を交わすことぐらいはできるのではないでしょうか。

むずかしく考えることはありません。いいことを話そうとする必要もありません。**女性にとっての日常会話は〝質〟よりも〝回数〟。**明確な目的がある会話ではなく、「仲良くしましょうね」と〝つながり〟を構築するためのものなのです。他愛のない〝無駄話〟を交わしているうちに、相手は「気にかけてくれている」「認めてくれている」と感じて、自然に助け合ったり、深い話をすることもできるようになるのですから。

逆に、人がいるのに「つながっていない」「わかってもらえていない」「なんだかよそよそしい」と孤独を感じるのは、なによりも不安なこと。エレベーターで一緒になったり、となりに座っているのに、だんまりしていたら、気まずい空気が流れるでしょう。

もし、そんな場面があったとしたら、ピンチではなく、絶好のチャンス。自分から軽く声をかけてみればいいのです。相手だって、そのひと言にほっとするはずです。

「ちょっとひと言」のお手本になるのは、「飴《あめ》ちゃん、いる？」と知らない人にも飴玉を差し出す大阪のおばちゃん。そんな人が身近にいたら、きっと心強く感じるはずです。

「自分だけでなく、あなたにも」と気持ちの輪を広げていこうとする精神は、だれもが忙しくて「自分さえよければ」の空気になりがちな現代で、救世主となるかもしれません。

「３時のおやつにどうぞ」なんて、ちょっとしたお菓子をあげるなど、**おやつ作戦は気軽にできて意外に効果的**です。自分が忙しくても「大丈夫？　困ってない？」など**相手を気遣って声をかけ合う**、「最近、見ないからどうしてたかと思ってた」と**気にかけていることを伝える**、「短い髪も似合うわよ」と**相手のちょっとした変化に気づく**……良好な人間関係のためには、小さなコミュニケーションをとろうとする姿勢が大事なのです。

女同士の会話は、なにかあるからではなく、なにもなくても成立する。普段から軽い会話のキャッチボールをしているから、いざというとき、いい連携プレイができるのです。

16 どんなに小さなことでもほめましょう

女子は、だれだってほめられたいのです。どんな小さなことでも、ほめられれば、単純に気分がいいし、元気が出るもの。自分の美点を見つけて、知らせてくれた相手には、自然に好意をもつでしょう。ただし、だからといって、無理にほめようとすると、ワザとらしくなりがち。「甲高い声で『かわいい〜』ってほめ合う〝社交辞令合戦〟が面倒くさい」「服やバッグなどをほめるワンパターンのほめ方しかできない」という声もちらほら……。

同じ女性同士、心がこもっているか、心がこもっていないかは、見えてしまうのです。せっかくほめるなら、相手が喜んでくれる効果的なほめ方をしたいものです。

【女子に愛される女子の効果的なほめ方】のポイントはつぎのとおり。

1 相手をよく観察すれば、いくらでもほめられる

同窓会などで相手をほめなきゃ！と力むと、「かわいい〜」「わかい〜」といった陳腐な言葉しか見つからないことに。相手

のことを好意的に観察していると、「○○さんって言葉遣いがきれい」「相変わらず、おしゃれのセンスが抜群」などいい点がいくらでも見えてくるものです。

❷ 人を「すごい！」と思ったときは、小さなことでも、すぐに伝える

〝ほめ〟には鮮度があります。時間が経ってから「あの仕事はよくできていた」などとほめられても、本人も忘れているほど。「いまの会議の司会、よかった」「○○さんの机はいつも片付いていますね」「△△さんの資料は読みやすいです」など、小さなことでも、気づいたらすぐに伝えましょう。平易な言葉でも、すぐに伝えることで、ほめ効果は高いのです。

❸ 本人も気づかない点をほめる

「スタイルがいいですね」「○○大出身なんて頭がいい」など見えやすい部分はほめられ慣れているもの。つぎのように本人が気づかない点をほめられた相手は、「新しい価値に気づいてくれた特別な人」となるはず。

① あたりまえのことをほめる　「○○さんの笑顔には、癒されます」

② リスペクトする点をほめる　「いつも時間を守る姿勢、心から尊敬します」

③ いつもと違う点をほめる　「今日のアイシャドーの色、似合っていますよ」

④ 欠点の裏返しをほめる　「優柔不断だっていうけど、それだけよく考えてるってこと」

⑤ がんばっていることをほめる　「見えないところで、みんなをフォローしてくれる」

⑥ 性格や内面をほめる　「正直に言ってくれるところが、信頼できます」

17 一人ぼっち女子脱却！基本は一対一の人間関係を構築すること

仲良し女子グループにあとから入るヒケツ

職場やママ友とのおつき合いで、「すでに仲良しグループができ上がっていて、その輪に入れない！」「だれかが話しかけてくれるのを待っていたら、一人ぼっち」という辛い状況って、結構あるものです。みんなの反応が冷たく思えて落ち込むことも。

私ももともと、消極的な性格で、そんなことが多々ありました。でも、一人でいたら、必要な情報が入ってこないし、フォローしてもらえないし、なによりおしゃべりができないのはつまらない。そこで身につけた、自然に人の輪に入っていく方法をご紹介します。

【仲良し女子グループにあとから入るヒケツ】

1 グループ全体と仲良くしようとするより、まずは一対一の人間関係を構築すべし

みんなと仲良くしたいときは、グループ全体と一気に仲良くしようとするのでなく、まずは一人だけでいいのでつながりやすい人を見つけて、その関係づくりから始めるのがおススメです。相手がグループでいるときではなく、一人でいるときに声をかけることがポイント。さまざまな職場を渡り歩いた派遣社員は、「まず、世話好きそうなリーダータイプと仲良くなれば、その流れでみんなの輪に入れるから、人間関係は安泰」と言います。グループといっても、細分化すれば結局は一対一の人間同士のつき合いなのです。

② 声をかけるときは、「教えて！」と「共感すること」をきっかけに

新しい職場であれば、「ランチできるいい店があったら教えてください」。ママ友であれば、「子どもの部活動はどうやって決めました？」など、いろいろ尋ねることはあるはず。

また、お互いに共感することが多いと、仲間として認めてくれるのが、女子の特徴。服装や持ち物から「私もそのブランド好きなんです」、出身県を聞いて「私も祖母が九州で、よく行ってました」など、かならず共通点があるもの。そこから話を広げていって。

③ 自己開示よりも、まずは話を聞いて、自分のポジションを見つける

仲良くなりたいからといって自分の話ばかりしては、引かれてしまうことも。まずは、その場に馴染むように話を聞いてから、「それ、私がしましょうか？」と役割をつくったり、「それって、〜ですよね」と情報を提供したりしていると、一目置かれて自分のポジションができていきます。ただし、相手に合わせてばかりでは疲れるだけ。「私はこんな人間ですけどよろしく」と素の自分でつき合えば、さらにいい関係になれるはずです。

18 簡単にできる「名前」と「感謝」で喜んでもらおう

無理をしないで、女子に喜ばれる2つの方法

ほとんどの人は、人から好かれたい、人間関係をよくしたいと思っているものですが、それが強いために、気を遣って喜ばせようとしたり、無理に合わせようとしたりしては、疲れてしまいます。その結果、人間関係がイヤになってしまうこともあるでしょう。

そこで、**【無理をしないで、女子に喜ばれる2つの方法】**をご紹介します。ポイントは、**相手にちょっとした〝快感〟を提供すること。**「どんな言葉（行動）に〝快感〟を感じるのか?」と少し意識するだけでも、簡単に喜ばれます。〝快感〟を与えてくれる相手を好きになったり、相手も喜ばせたいと思ったりするのは当然のことなのです。

1 名前を呼ぶ

人がいちばん好きな言葉、心地よく響く言葉は、自分の名前。人は自分の名前を親しみを込めて呼んでくれる人には、仲間意識や信頼感をもつ……というのは、だれもが実感することでしょう。「○○さん、おはようございます」と挨拶したり、「～に

ついて、〇〇さんはどう思いますか？」と尋ねられると、その出来事や話題に「自分もちゃんと関わっている」と認識して、「ちゃんと応えよう」という気持ちになるのです。

② ちょっとしたことでも喜び、「ありがとう」を忘れない

あなたが「この人が困っていたら助けてあげたい」「この人になにかしてあげたい」と思う人はどんな人でしょう？

きっと「ちょっとしたことでも、すごく喜んでくれる感激屋さん」ではないでしょうか。人は、喜ばれると自尊心が高まって、〝快感〟を覚えるもの。同じように、ちょっとしたこと、あたりまえのことも「ありがとう」と言ってくれると、誇らしく思えます。「喜び上手」な人は、同時に、「喜ばせ上手」な人なのです。

喜びを表現するには、言葉であれこれ語るより、思いっきり表情に出すことが大事。たとえば、なにかをしてもらったときに、「うわー、ありがとう！」と体全体を向けて笑顔になると、相手は〝快感〟を覚えるでしょう。感情は、鏡のように共鳴していくのです。

また単に「ありがとう」というより、「感謝＋私の役立ったこと（うれしかったこと）」を伝えるとさらに有効。たとえば、連絡をもらったら、「ありがとう。おかげで助かった」「ありがとう。気にかけてもらってうれしかった」というように。ちょっとしたことですが、相手は、やったことに価値があったと喜んでくれるでしょう。

この二つを意識するだけで、相手との距離がぐんと近くなったことを実感するはずです。

女子が女子を味方にするコツ(1)

19 相手の迷惑を「許す」のではなく、「お互いさま」と思う

女性が育児や介護などで仕事に支障が出るとき、女性同僚の反応は二通りに分かれます。

「えー、困るなぁ。私たちにどれだけしわ寄せがくることか……」

「困ったときはお互いさま。こちらも迷惑をかけることもあるしね」

まさに「女の敵は女」か、「女の味方は女」かの状況です。

自分が内心、「迷惑をかけている」と思っていることを「お互いさま」と言ってくれる人には、恩義を感じるもの。反対の状況になったら、自分も助けようと思うはずです。**「お互いさま」でまわりに仲間意識が芽生えて、助け合う関係が広がっていきます。**

前者のように迷惑だと考える人は、その場の損得しか考えないから、相手が敵になってしまう。小さなソンをしただけで、相手にもソンをさせようと、足の引っ張り合いが起こります。**短期的な〝損得〟を考えると、長期的に見て〝ソン〟をすることになるのです。**

友人が仕事のミスで迷惑をかけたとき、こんなことを言った女性同僚がいたそうです。「許してあげるっていうのは、上から目線の言葉だから、ちょっと違う。〝許す〟じゃなくて、〝お互いさま〟。私もいろいろと迷惑をかけることがあるから、みんな一緒よ」

友人はその言葉を聞いてほっとすると同時に、いつか恩返しをしようと強く思ったとか。たしかに、「許す」は、上の立場から相手を裁いている言葉。それに対して「お互いさま」は、みんな同じ立場だと教えてくれる言葉です。

私たちは、「迷惑をかけずに生きなさい」と教えられて育つものですが、人にはそれぞれ考え方や行動のクセがあって、どんなにがんばっていても、なにかしら迷惑をかけて生きています。たとえば、ズケズケとものを言う人、自己中心的な人、くだらないことに執着する人などもいます。が、「そういうふうに育ったのね。自分も気づかないけど、迷惑をかけていることもあるだろうから、お互いさまだもんね」と思えば、あたたかい目で見て、相手のいいところを認めよう、自分にも謙虚になろうとする心のゆとりが生まれます。

「お互いさま」は、相手を味方にする魔法の言葉。「困ったときはお互いさま」「迷惑をかけ合うのもお互いさま」と寛容になって助け合い、補い合うことで、女子がまとまると、とてつもない力を発揮するのです。**「完ぺきな人」「迷惑をかけない人」より、「助けることのできる人」「助けてもらえる人」を目指しましょう。**

女子が女子を味方にするコツ⑵

20 「ホウレンソウ（報告・連絡・相談）」＋「確認」を怠らない

女子ほど味方にすれば、心強い存在はありません。「職場で女子が一致団結して、規則を変えた」「ママ友が助けてくれたから、仕事と育児を両立できた」など問題を乗り越えた話はいくらでもあります。

味方にするためには、親身になれるコミュニケーションをとることが大事。といっても、時間をかけてつき合わなければならないということではありません。共通する目的があって、基本的なポイントを怠らなければ、短いつき合いでも〝味方〟になることは可能。マメに連絡し合う関係は、風通しがいいので、好感をもちやすく、安心できるのです。

逆に、「その話、聞いてない」から人間関係の亀裂は生じてくるもの。

【女子を味方にする「報連相＋確認」のコツ】を説明しましょう。

1 報告のコツは、「知りたがっている人」にちゃんと伝えること

たとえば「デート

にいいレストランを教えて」などと質問してそれっきりだと、教えた相手は、どうなったのか気にしているもの。「あのお店、よかったです」のひと言で「また、聞いてね」となるのです。また、昨今はSNSにさまざまな情報を上げるため、本人からの報告よりも先に、SNSで結婚や出産などを知ることもあります。「知りたがっている人」をよく考えて。

❷ 連絡は内容を整理してから伝える

自分は連絡したつもりでも、相手に情報がちゃんと伝わっていないと、トラブルのもと。わかりやすく、簡潔に伝えるために、5W1H「When いつ?」「Where どこで?」「Who だれが?」「What なにを?」「Why なぜ?」「How どんなふうに?」を意識すると、要点はほぼ伝わります。

❸ 相談する相手を間違えてはいけない

一緒に問題を解決してくれるようにもっていくのが〝相談〟の力。ただし、同じ相手に、仕事も恋愛も家族関係も相談したり、共感しにくい相手に相談したりすると、問題が思わぬ方向に進んでよくない結果に。「この人なら〜を理解してくれそう」など、内容によって相談する相手を分散して。

❹ 確認して事を進めれば、リスクを分散できる

「言わなくてもいいだろう」と確認を省略すると、あとで文句を言われることも。「この仕事は明日でも大丈夫?」「女子会の会場はここでいい?」など、しかるべき人に確認することは、情報を共有して自分を守ることにもなります。近しい関係はとくに、しっかりと押さえておきましょう。

21 人の話を聴く耳をもっている

「また会いたい」と思われる聴き方

いい人間関係をつくっている人は、社交的で話し上手な人のようですが、実際は相手の話を「よく聴いている人」です。私のまわりでも、「また会いたい」「もっと話がしたい」と思わせてくれる人は、じっくりと話を聴いて、「そうそう、ほんとにそうね〜」「そういうこともあるよね」などと共感してくれる人。「女同士は〝共感〟でつながる」などとよく言われますが、**共感は女同士の人間関係を構築するいちばんのカギなのです**。

共感しながら聞いてくれる人には「私のことをわかってくれる」「この人は信頼できる」といった安心感や信頼感が生まれ、相手の話も聴こうという態勢になります。

しかしながら、人の話を聴くのは、だれにでもできるようで意外とむずかしいもの。相手が話をしているとき、心のなかで「いやいや、ちょっと違うでしょう」とイライラしてしまったり、つい話に割り込んで説教じみたことを言ってしまったりすることがありませんか？　ひどい人になると、「私なんかね、〜」と自分の話にもっていくこともあります。

それは、**〝聞く〟でなく、〝聴く〟の訓練ができていないからかもしれません。**

自分の価値観で「正しい、間違っている」とジャッジしながら聞いてしまうから、相手の話をすんなり聴くことができず、知らず知らずに対立の構図ができてしまうのです。

話をじっくり聴ける人は、「人は人、自分は自分」の線引きができている人です。

「それぞれの考えがあり、価値観があるのだ」と考えるクセづけができれば、相手の話を否定することなく、じっくり聴くこともできるでしょう。人間関係も驚くほどラクになります。

だれだって、**自分をジャッジされることを求めているのではなく、楽しく話ができる人を求めているのです。**そしてだれもが、自分のことをわかってほしいと思っています。

話を聴くポイントは、相手の「違うところ」を探すのではなく、それはあたりまえにあるものとして、「共感できるところ」や「自分の学ぶこと」にフォーカスして聴くこと。

どんな人の話にも、かならず共感や興味深いもの、得るものが隠れているもの……そう考えて話を聴こうとすると、興味や好意をもって相手を見るようになります。

すると、相手が映し鏡のように、興味や好意をもって「また会いたい」と思ってくれることは間違いありません。

22 ランチをご馳走してもらったら、お礼は2回言おう

かわいがられる女子の礼儀

ある女性上司がこんなことを言ったことがありました。

「うちの新人、なにかと生意気なところがあるけど、礼儀正しいから先輩たちにかわいがられる。ちゃんと関係性をわかっているっていうか……。トクな性格よね」

かわいがられる女子、かわいがられない女子の違いは、「素直さ」や「一生懸命さ」もありますが、大前提として、なんといっても大事なのは「礼儀正しさ」です。

ことに女子の上下関係においては、〝礼儀〟はかなり重要なポイント。礼儀とは、お互いの立場を確認するための共通ルールであり、それができない相手には、「なんなのよ！」と怒りさえ覚えてしまうのです。

なぜか自然と先輩にかわいがられるタイプの女子は、要所要所で**「あなたを年上として、尊重しています」という謙虚さを示している**ため、安心感があります。たとえコミュニケ

ーションが苦手な人でも、多少、生意気や非常識な人でも許されるのです。

礼儀というのは、ほとんどは子どものころからしつけられてきているので、基本的にむずかしいことではありません。お礼を言う、迷惑をかけたら謝る、返事をすぐにする、人の話をちゃんと聞くなど、あたりまえのことをあたりまえにすればいいだけです。

ところが、私たちは、そんなあたりまえの礼儀が疎《おろそ》かになってしまうことがあります。親しい先輩にため口をきいたり、適当に挨拶したり、苦手な相手とは話をするのを避けたり。**せっかくやるのですから、一つひとつをきちんとすることが大事。**

たとえば、先輩にランチをご馳走してもらったとき、どんなふうにお礼を言いますか？

普通の人は会計のときに、お礼を言えばいいと思っているかもしれません。「先輩と一緒だと、おいしいものが食べられます〜」なんてヨイショすれば十分だと。

しかし、かわいがられる女子は、帰宅後のメールや翌朝の挨拶でもう一度、お礼を伝えます。1回の言葉は大したことがなくても、2回伝えると、その数倍の効果があるのです。

先輩としては「なんて礼儀正しいヤツ。そんなに喜んでくれるなら、また連れていってあげよう」という気持ちになるではありませんか。

数ある礼儀のなかでも「こちらから挨拶する」「お礼は2回伝える」、この二つは手間がかからない割に効果大。目上の人のあなたを見る目は、明らかに変わるはずです。

23 人間関係のリピーターになってもらおう

社交的でない人が仲良しをつくるヒケツ

世の中には、社交的でどんどん友だちをつくっていく人もいれば、内向的で、なかなか心を開けない、自分からアピールできない、友だちをつくれない、という人もいます。

そんな内向的な人は、無理に外向的にならなくてもいいのです。

内向的な人は、嘘や裏表がなくて、自分の意見を押しつけることもない人が多いので、いったん打ち解け合ったら、信頼されて、深い関係を築くことができます。

焦ることはありません。仲良くなれる人は、かならず出てきますから。

自分が人間関係において、一つのショップを開いていると考えてください。

大きな宣伝もしていないし、店構えが豪華なわけでもなく、店主が自分からよくしゃべるわけでもない。でも、自分を大切に扱ってくれて、なんだか心地いい……そんなショップにすればいいのです。たくさんの人に来てもらう必要はありません。一度来てくれたお客さんが、気に入ってリピーターになってくれる、そんな素敵なショップを目指しましょう。

そこで、**【社交的でない人が仲良しをつくるヒケツ】**はつぎの３つです。

❶　相手の話に「あいづち」と「質問」　人が人間関係でいちばん欲しているのは、自分を認めてくれて、一緒にいて心地いい人。相手が気持ちよく話せるように、微笑みながら「そうなんだ～」「そうだよね」としっかりあいづちを打ちましょう。「ＹＥＳ」「ＮＯ」で終わる質問ではなく、「どうして？」「どんなふうに？」と〝５Ｗ１Ｈ〟の質問をすると、話はふくらみます。

❷　相手の「好きなこと」をわかっておく　最初から相手のすべてを理解することはできません。話を聞きながら、好みの食べ物や本、スポーツ、テレビ番組、タレントなど、相手の好きなことを一つでもわかって、それを話の中にちょこちょこ入れていくのです。人は「自分のことをわかってくれる！」と思うと、もっと話したいと思うものです。

❸　「共通点」「尊敬する点」を見つける　年齢や仕事、立場が違っても、なにかしら共通点は見つかるもの。「私も！」と話が盛り上がって一気に仲良くなることがあります。また、同級生や同僚など共通点が多い人からは、「尊敬する点（スキル、性質など）」を見つけましょう。自分とは違う部分を認めることで、情報を提供し合ったり、助け合ったりすることもできます。「共感」と「助け合い」でぐんと距離が縮まるはずです。

24 自然な笑顔の人は、一緒にいて楽しい

「この人がいると、その場の空気が明るくなる」という人は、華やかな雰囲気とか、話好きとか、活動的とかいう前に、まずは、明るい笑顔でいる人でしょう。

たとえば、アニメのキャラクターでいうと、サザエさん。買い物帰りに近所の奥さんと笑顔で立ち話をし、鼻歌を歌いながら晩ご飯を作り、家族が帰ってくるのを「お帰り〜！」と元気よく迎える……というような。昭和の専業主婦の設定ではありますが、現代の職場や友人のなかにサザエさんのような人が一人いると、明るく、楽しくなるはずです。

女性の人間関係においても、笑顔はスムーズになる潤滑油。笑顔があると初対面でも受け入れてもらえる。身近な人との仲も深まる。言いにくいこともマイルドに伝えられる……といった笑顔の効果も、私たち女性は、学習してよくわかっているはずです。

しかし、同じ笑顔であっても、「女子に喜ばれる笑顔」「すんなり喜ばれない笑顔」があ

るのではないでしょうか。あなたのまわりにもいませんか？

営業スマイルのように目が笑っていない人、ふふんと鼻で笑う人、口がゆがんでいたりへの字になったりしている人、人が見ていないときは別人のように冷めた顔つきになっている人……。笑顔の裏に〝イヤミ〟や〝下心〟など二面性が見え隠れすると、まわりは猜《さい》疑《ぎ》心《しん》で見るようになり、せっかくの笑顔もソンなことになってしまいます。

女子に喜ばれる笑顔というのは、自然な笑顔です。親しい相手なら、だれでも無理なく笑顔になれますが、問題は親しくない相手、苦手な相手にも、自然に笑顔で接すること。

まずは、声をかけられたとき、挨拶をするときに、**無表情の人が多いので、微笑んで相手の顔を見ることを意識しましょう**。また、話を聞くときは、**相手の目を見てちょっと口角を上げるのを意識する**こと。「人と目を合わせる」というのは、信頼関係を築くために、とても大切。信頼関係が築けない人は、目を合わせる回数が極端に少ないのです。

笑顔でいると、相手との関係がよくなるだけでなく、心が明るくなって自分がご機嫌になれます。ご機嫌だから笑顔になるのではなく、笑顔だからご機嫌になれるのです。そう、サザエさんのように明るい方向を見ている人に、人は集まるのです。

ときどき鏡の前でにっこり微笑んでみるといいでしょう。口角を上げて、目尻を下げて、楽しいことでも考えて。ご機嫌さを保つことは、大人の礼儀だと思うのです。

25

ちょっとしたやさしさを、ちょこちょこプレゼントしよう

女子に好かれる「小さな親切」や「贈り物」の心得

女子にとって「小さな親切」や「小さな贈り物」は、仲良くなるためのプロセスです。幼いころ、みんなに遊びを教えてくれたり、手作りのカードを贈ってくれたりする女子は人気があったものです。職場でも、「手伝いましょうか？」なんて、気軽に声をかけてくれる女子はだれからも好かれます。

「こんなことをしても、喜ばれないだろう」「手を出すと迷惑かも」などと空気を読みすぎると、躊躇《ためら》ってしまうものですが、ちょっとしたことでも人はうれしいのです。どの程度の親切やプレゼントがいいものか、わからない人は、つぎの3つを心得てください。

心得1　気楽なもののほうがうれしい

女子同士の親切や贈り物は、気楽に受け取れる小さいものがありがたい。たとえば誕生日に「なにかいいものを」と高価なものを贈ると、相手も「なにかお返しを」と負担に。

大きな親切をどーんとするよりも、小さなことを頻繁にし合ったほうが仲間意識も出てきます。仕事を手伝うにしても「わざわざ時間を作った」と恩着せがましい言い方でなく、「ちょうど時間があったから」など、相手が受け取りやすいよう、さりげなさを演出して。

心得②　相手の「ちょうど欲しかったもの」を選ぶのがセンス。断る選択肢も与えて

よかれと思ってやったことでも、相手が求めていないと「余計なお世話」に。やろうと思っていた仕事を先回りしてやったり、頼んでもいないのにファッションアドバイスをしたり、自分の不要品を押しつけたり……。〝自分〟本位のものではなく、〝相手〟が喜んでくれることが第一。旅行をする人に役立つ情報を教える、残業をする人に栄養ドリンクを差し入れするといった具合に、相手の状況を観察することで、できることは見えてきます。迷ったときは、率直に「いる?」と聞いて、相手に選んでもらうのも一つの手です。

心得③　見返りを期待しない。自分がした「親切」はすっぱり忘れる

忘れてはいけないのは、どれだけ親切や贈り物をしても、お返しがないからといって「私は～してあげたのに」などと恨みがましいことを言わないこと。「～してあげたのに」とあとで思うくらいなら、やらないほうがいいです。「喜んでもらえたから私がうれしい」とその場で完結することをどんどんやっていきましょう。

相手も自分も幸せになれる恩であれば、どれだけ与えても、ソンにはならないのです。

26

「自分は自分、他人は他人」で、どんな相手も敵にしない

女子が好かれる女子にヒケツ

女子が好きになる女子は、異性へのドキドキする恋愛感情とは、まったく違うベクトル。「この人、なんか好きだわ～」という直感的な〝爽快さ〟があるのではないでしょうか。

あなたの職場や友人関係や、子どものころに、人気のあった女子を思い浮かべてください。また、その逆で、「この人、なんかイヤ」と嫌悪感をもつ人も思い浮かべて。

そんな人たちの特徴は、つぎのように、反対なのでは？

●裏表がなくて、気さく⇕人によって態度をコロコロ変える

●自分の意見を言うが、トラブルになりにくい⇕まわりを振り回すか、振り回される

●他人に対して寛容で、礼儀や気遣いがある⇕人をすぐに批判する、陰口が多い

●やりたいことをやって、我が道を行く⇕みんな一緒で安心、いつも群れている

●割り切り感があって感情を引きずらない⇕イライラ、クヨクヨを引きずる

つまり、**女子に好かれる女子は、「まわりに思いやりがあって、明るく自然体」。人も自分も大切にしているから、一緒にいて心地いいのです。**反対に女子に嫌われる女子は、「まわりのことを気にして、ネガティブで、裏表がある」のではないでしょうか。

性格をすぐに変えることはできませんが、つぎの**【女子に好かれる女子がやっている４つのキホン】**を実践するだけでも、まわりのあなたを見る目は確実に変わってくるはずです。

１　〝労《ねぎら》い〟と〝感謝〟の言葉をマメにかける　相手になにかあったら「たいへんだったね。もう大丈夫？」。あたりまえのことをしてもらったときも「いつもありがとう」と声をかけて。

２　人の悪口を言わない　好かれる女子は人が悪口を言っても同調しなかったり、さりげなく話題を変えるもの。むしろ人の長所を見つけ、ほめることに積極的でありましょう。

３　自分を大きく見せようとしない　好かれようとして自慢したり、知ったかぶりをするのではなく、ありのままの自分を素直に見せようと意識するだけで、逆に好かれます。

４　約束を守る　好かれるための基本中の基本といえるのが、約束を守ること。そのためには、自分の言葉に責任をもって、できないことを軽はずみに言わないことも大事です。

女子の人間関係は〝信頼〟がポイント。人にも自分にもやさしさがあって「この人、信頼できる！」と思われる……そんな素敵な女性を目指しましょう。

27

明るく、楽しく癒される人とは、友だちになりたい

「友だちになりたい」と思ってもらえるヒケツ(1)

初対面や、何度か会ううちに、「この人とは友だちになりたい！」と思わせてくれる人がいます。おしゃれで華やかな人、ちょっとした有名人、自分にはない経験をしている人……いえいえ、そんな人に対しては好感をもったり、リスペクトしたりするけれども、「友だちになりたい」とは少し違う。女子にとって、何時間話をしても楽しくて、お互いに気を遣わない友だちというのは、〝心地よさ〟が必要なのです。

そんな心地よさのオーラとは、単純に「明るく」「楽しく」「癒される」ということではないでしょうか。といっても、性格的なものだけではありません。ちょっとした心がけで、「友だちになりたい」と思われることはできるのです。そのヒケツとは……、

1 ポジティブな〝言葉〟を使う

明るくポジティブな人と一緒にいると、自分まで、明るく前向きになれるもの。そのためには、ネガティブな言葉ではなく、ポジティブな言

葉を使うことです。朝の挨拶をするときに、「今日は寒くて仕事に来たくなかったー」なんて嘆くより、「今日は寒いけど、最高のお天気ね」とプラスに考えて口に出す。しんどい状況を「もう、イヤー！」なんて言うより、「これもあとで笑い話になるって！」と楽観的に言ってみる。言葉を変えることで、物事を明るくとらえられるようになるのです。

❷ 日常の中からユーモアを見つける

だれだって、笑いのある人は大好き。ユーモアといっても、クスっと笑える程度で十分。相手を「姉さん」「お嬢さん」とふざけて呼んだり、驚いたときに「目玉が飛び出た」なんて大げさに言ったり、「○○さんってやさしくてマザー・テレサみたい」なんてたとえたり、おもしろいエピソードを披露したり。おもしろいことに目を向ければ、頭がやわらかくなって、サービス精神も出てくるはず。

❸ 相手のことを一緒に喜び、考える

人のことを自分のことのように喜んだり一緒に考えたりしてくれる人には癒されます。〝波長を合わせてくれること〟に安心するのです。自分の考えを押しつけずに、相手は「うれしいんだな」「困っているんだ」と、〝感情〟に目を向けようとすれば、波長は自《おの》ずと合ってきます。

「友だちになりたい」と思ってもらうには、まずは自分が毎日を明るく、楽しく過ごすこと。そして、相手に興味をもって、こちらから好きになってしまうこと。そんな自分にも人にも〝愛〟のある人は、心地よさがあり、自然と人が集まってくるのです。

「友だちになりたい」と思ってもらえるヒケツ⑵

28 「前向きな人」はそばで見ていたい

友人のなかでも、「この人はずっと見ていたい、応援したい」という女性が何人かいます。その人たちの共通点を考えてみると、「前向きな人」。前に進もうとしている人というのは、理屈抜きに見ていて気持ちがいいもの。仕事でも、趣味でも、ボランティアでも、毎日の生活でも、丁寧に向き合っている姿は、女でも男でも惚《ほ》れ惚《ぼ》れします。

働く女性にとって、そんな前向きな友人は必要であり、大切な〝財産〟。こうした人たちは、自分の目的に邁進《まいしん》しているので、さっぱりしていて、安心してつき合える。頻繁に連絡を取り合わない友人であっても、職場にそんな人が一人存在しているだけでも、「私もがんばろう！」とエネルギーをもらえ、背筋がしゃんと伸びてきます。

また、家族やお金、健康などむずかしい問題があっても、それを受け入れて進もうとする人も応援したくなります。彼女たちは、しんどい状況でも不思議と悲壮感はありません。

「受け入れるしかないでしょ」といった、さっぱりした明るささえ感じるのです。

〝前向き〟は性格の問題ではなく、心の姿勢。つぎの**【前向きな人になるちょっとした二つの口癖】**を使うだけで、「前向きさ」を生み出し、演出していくことは可能なのです。

①「じゃあ、どうすればいい？」

たとえば、やったことのない仕事を任されたとき、「私にはムリ！」とすぐに決めつけるのではなく、「どうすればできる？」と現実的な方法を考えてみましょう。やりたいことが、むずかしそうなときも、「時間がないから」「お金がないから」とできない理由ではなく、「どうすればできる？」とできる方法を考えてみて。人間関係でお互いを責める口論になったときも、「じゃあ、どうすればいい？」は有効です。後ろ向きになりそうな心にストップをかけて、明るいほうへと導いてくれますから。

②「せっかくだから〜」

毎日のルーティンを、つまらなそうにやっているだけでは、心が疲弊して負のオーラが漂います。お茶をいれるときは「せっかくだから」と、ベストなおいしさになる温度、濃さに気をつける。パーティに行くときは、「せっかくだから」とおしゃれしてみる。挨拶もせっかくするのなら、にっこり微笑む……と、そんな小さなところから、前向きなオーラが漂うようになって、「この人いいな、応援したいな」という人が自然に現れてくるはずです。

29

「さりげない気遣い」ができる人はカッコいい

「友だちになりたい」と思ってもらえるヒケツ(3)

女子のなかで「この人がいると、場が和む」という人は、たいてい「さりげない気遣いができる人」。「やってあげましたよ〜」といった親切でも、お礼を言うほどのことでもないけれど、心があたたまる……そんな気遣いのできる女子は、女性からも男性からもモテるのです。**【気遣い女子になるためのちょっとしたテクニック】**とは……、

❶ 相手の都合を聞く　仕事を頼むときは「いま、忙しい？」、電話をかけたときは「いま、話せる？」、打ち合わせが長引きそうなときは、「時間は大丈夫？」など、自分の都合を押しつけるのではなく、相手の立場になって考えられる人は、安心感があります。自分の都合で進める前には、「相手はどうなのかな？」と一歩立ち止まって考えるクセをつけて。

❷ 相手の「食べ物、飲み物」の好みを知っておく　飲み会の席で、かいがいしく食べ物を取り分けたり、お酒を注いだりする気遣いよりも、自分の食べ物、飲み物の好みを知

ってくれている人のほうが、うれしく感じるもの。お酒を飲めない女子には「お酒以外のドリンクもあるよ」、メニューを頼むときに、「○○さんはパクチーは苦手だったよね」、職場で飲み物を買ってくるときは「○○さんは砂糖なしのコーヒーがいいですよね」など、日常的な食べ物、飲み物の好みを把握しているだけで、信頼のポイントは高いのです。

③ だれかが会話に入れないときは、助け舟を出す

女性は会話にのめりこむとまわりが見えなくなりがち。だれかが知らない話で盛り上がっているときは、その人の知らない情報を丁寧に説明してあげたり、会話の中に入れない人がいたら、「○○さんはどうですか？」と話を振ってあげたり。会話で困ったときにフォローしてくれる女子は好感度大。

④ 「ついで」の気遣いがうれしい

だれかを手助けする際は、「ついでに」がいちばん自然で喜ばれるのです。職場でゴミを捨てるときは、人の分も「ついでに捨ててきますね」、買い物に行くときは「なにか買ってくるものはありませんか？」、人と共有できる仕事があったら「ついでなので、やっておきましょうか？」など、〝ついで〟ができる人は、「仕事ができる」という印象も与えます。

この4つを心がけるだけで、まわりをよく見る「観察力」と、相手の気持ちを思いやる「想像力」が磨かれてきます。〝さりげなく〟ができる人は、上質なやさしさとカッコよさをもった人。「この人は安心できる。信頼できる」と思われることは間違いありません。

年上女性のトリセツ

30 年上女性には、根気強くリスペクトを示すべし

職場の人間関係のなかでも、〝年上女性〟の存在に悩んでいる人は、多いのではないでしょうか。年齢による序列がハッキリしている場合、年上女性は思いっきり上から目線になれるし、感情も出しやすい。ひどくなると、女王様のようにワガママに振る舞い、いじめやパワハラが起き……と、隠れていた女のイヤな部分がどんどん現れてくるわけです。

まわりの友人にそんな経験を聞くと、「気分屋の先輩の顔色をうかがうのに疲れ果て、3か月で仕事を辞めた」「お局の派閥に入らなかったら、仕事のシフトや役割分担などで冷遇されて、耐えに耐えた」「親切な顔をして近づいてきた先輩が、陰で散々私の悪口を言っていたと知り、うつになった」など、出てくる、出てくる、被害者の証言が……。

しかし、「年上女性とのつき合いは面倒。話も合わないから同年代のほうがラク」などと敬遠していては、もったいない。ヘンな年上女性は少数派。影響力のある年上を味方に

つけたら、これほど心強いものはありません。あれこれ教えてくれるし、世話を焼いてくれる。職場であなたの気持ちを代弁してくれたり、失敗を大目に見てくれることもあるのです。

もしもあなたが年上女性と良好な人間関係を築きたいなら、そのための武器はただ一つ。**「〝リスペクト（尊敬）〟を示すこと」です。人は自分に敬意をもたれているか、もたれていないかという点に敏感なのです。**「ビジネスマナーを知っている」「仕事が早い」「知識が豊富」「仕事と育児を両立」など、どこからでも尊敬する点を見つけて、「さすがです」「尊敬します」と素直に口にしていけばいいのです。

また、仲がよくなっても**「基本は敬語」「礼儀は怠らない」**も大事。報告しなくてもいい案件でも確認してアドバイスを求めるなど**相手を立てることも忘れずに**。「あなたを大切にしていますよー」というメッセージをちょこちょこ示せばＯＫ。相手がイヤな態度だからと同じ土俵に上がって張り合うのは命取りです。年上女性は、生意気な女子がたまらなくイヤ。プライドをかけて本気で戦うので、こちらがボロボロになって負けますから。

リスペクトを示しながら意見を言う作戦のほうが成功率が高いうえに、精神的にラク。人間、自分を尊敬してくれる相手は大事にしたいし、尊敬されるに値する行動をとろうとするもの。年上女性も自信がなくて不安だから、強がっているのです。「大丈夫。私は尊敬してますから！」と安心させてあげられる、かわいい後輩を目指しましょう。

31
「つかず離れず」ほどほどの距離感を大事にする

はっきり言って深くつき合いたくない女子との距離のとり方

女子の人間関係は、だれとでも仲良くすればいいというものでもありません。

私たちは神様ではないので、当然、「はっきり言って深くつき合いたくない」と思う相手がいるものです。人をコントロールしようとする雌ボスや、他人の悪口や噂話《うわさばなし》が好きな人、なぜか話がかみ合わない人など、自分の心がモヤモヤ、ざわざわとしているときは、自分にブレーキをかけて、心が安定するところまで距離をとるときです。といっても、職場や親戚づき合いなど、どんなに嫌いでも関わらなくてはいけない人もいます。そんなときは、つぎの3つに気をつけて。

【はっきり言って深くつき合いたくない女子との距離のとり方】

1　短時間ならがんばれる！　接する時間と頻度を少なく

可能であれば、接する機会を少なくすること。害のある人と無理してつき合うと、さらに嫌悪感が増して、感情的になりかねません。話は短く切り上げる、ランチは適当な言い訳をつくって別にする、ムダなメールのやり取りをしないなど、接する時間と頻度を少なくすると、笑顔で振る舞えて、こちらの嫌悪感を見せないこともできるはずです。

② 感情的になりそうな話はしない！　話す内容に気をつける

嫌悪感をもつ相手と話すとき、ついイラっとしてしまう話題があるもの。たとえば、お金や恋愛に対する価値観や、人の噂など、地雷となる話題は避けること。冗談で笑わそうとしたり、プライベートな話をしたりするのも危険。つい本音が出たり、相手が入り込んでくる隙を与えたりしてしまいますから。話題は当たり障りのないものを。

③ 嫌悪感はにじみ出る！　意識的に普通に接する

嫌いな人への嫌悪感は、無意識に表情や態度ににじみ出てきます。「できれば関わりたくない」と避けていると、相手からの攻撃が強くなったり、本人たちだけでなく職場全体がギクシャクしたり……なんてことはよくある話。挨拶や笑顔などの礼儀、「報連相（報告・連絡・相談）」だけはしっかりすること。「普通に接する」をモットーに。

嫌いだと思っていても、「意外といい人かも」とちょっと近づいたり、「いや、ダメ……」とまた離れたり……。そんなことを繰り返しながら「つかず離れず」のほどよい距離感を見つけていけばいいのです。

32

人間関係には「見た目」も大事⁉

見た目で好かれる女子になるための方法

あるインターネットのアンケート調査では、女子同士で張り合うことの断トツ1位は「外見」、2位は「恋人や夫のレベル」だとか。美人度や着ている服、バッグ、アクセサリーなどの「外見」は、もっともわかりやすいマウンティングの判断材料でしょう。

おもしろいことに、本来、男性を獲得するためでもあるマウンティングなのに、女性は異性をチェックすることよりも、女同士を観察することに、より時間をかけるといいます。

女同士のチェックというのは、なかなか手厳しいもの。単に張り合って外見チェックをしているだけではなく、そこから「この人、信頼できる?」「仲良くなれる?」などあらゆる情報を受け取っている。見た目は、女の人間関係にも大きな影響力があるものです。

単純なことですが、きちんとした格好の人と話すと、自然と丁寧な言葉遣いになり、反対に、ヨレヨレの普段着の人には対応も雑に。見た目はマナーの一つで、自分の部屋に相手を招待するようなもの。相手を大切にするのなら、それなりに整えておくべきでしょう。

大人の女性が同性をチェックするポイントは、まず「美人かどうか」よりも、「服、髪型など、その人に似合ったものをチョイスしているか」ではないでしょうか。自分を知って、その魅力を引き出している人は、まわりに振り回されず、自分をもっている人だと感じます。そんな美意識を高める**【最大限の自分を演出する３つの方法】**をご紹介します。

❶　１日１回体重計にのる＆全身を鏡で見る　「自分の心と体に意識を向けること」が目的。体重計にのると「昨日は食べすぎたから、朝は軽くしよう」、全身を鏡で見ると「二の腕がたるんできたから、引きしめよう」など〝自分〟を客観的に見られるように。だんだんファッションやメイクにもこだわるようになるのは不思議なほど。

❷　ファッションチェックをしてくれる、おしゃれな友人をもつ　人の目を意識しなくなったら〝オバサン化〟の始まり。女たちの厳しい目は、自分を高め、維持してくれるモチベーションでもあります。おしゃれな友人にアドバイスしてもらったり、服の買い物につき合ってもらったりすると、センスも磨かれてきます。

❸　「伸びた姿勢」と「笑顔」と「きれいな言葉遣い」　見た目といっても顔や服だけではありません。どんなにきれいな服を着ていても、この３つがなかったら台無し。背筋を伸ばして歩き、きれいな言葉を選ぶだけでも、あなたは数倍、美しく見えるはずです。

第3章

あなたのまわりの困った人のトリセツ

33 女の裏表には「正直な人」と思ってあげよう

男性の前では態度が違う女への対処法

先日、50代の女優さんが自分の浮気疑惑の釈明会見で、号泣しながら話している場面がありました。ワイドショーで、ある女芸人さんの放ったこんなコメントに、思わず納得。「ブスの僻《ひが》みって言われるでしょうけど、分が悪くなると泣くのは、美人しか通用しない。泣くと男子がヨシヨシってなってすませちゃうタイプって、子どものころからいた……」

いい年になっても、女の〝あざとさ〟が見え隠れすると、女子はイラついてつい攻撃したくなるのですね。美人じゃなくても、男性の前では、「かわいこぶりっこ」「セクシーぶりっこ」など男好みに演じようとする女子は、裏表なく真っ当に生きようとしている女子の〝オンナ〟の部分を激しく刺激します。ほかにも、女性のなかではズボラなのに、男子にはかいがいしく世話焼きになる、声のトーンが1オクターブ高くなって語尾を伸ばす、飲み会になると、男性にボディタッチをして甘える、男子だけにやさしいなどいろいろ。

「コイツ、性格悪い」と思われる1位は「男性の前では態度が違う女子」でしょう。が、そこでイヤミな態度をとると、まるで、かわいそうなシンデレラをいじめる意地悪な継母《ままはは》のように見られてしまう。「男ってどうして気づかないの!」なんてさらにイライラ。

では、そんな「男性の前では態度が違う女」には、どう対処したらいいのでしょう。

まずは、**「正直な人だな」と思ってあげることです**。だれでも、男子と女子に対しての態度がいくらか違うのは当然なこと。おばあちゃんになってもイケメンには甘いですし。彼女たちは、「男性に甘えたい、仲良くしたい」と至極真っ当な態度で臨んでいるのです。たとえば、飲み会で人気の男子の横に座ろうとする女子は嫌われるものですが、「彼女も彼女なりにがんばっているのね」と思ってあげましょう。

つぎに「自分は損害を被《こうむ》っているのか?」と問いかけて。もし、自分の狙っている男子にすり寄る女子がいるなら、そのレースに参戦すればいいでしょう。個人的には、席取り合戦も大賛成。女子同士が遠慮して、レースを降りるなんてもったいない。

でも、**「自分がそれほど好かれなくてもいい男」であれば、不毛なレース。放っておけばいいのです。**自分は〝オンナ〟の部分ではなく、〝人間〟としての全体でつき合いましょう。男性だからといって構えず、異性にも同性にも気さくに、自然体で振る舞える女子は最強なのです。

34

上から目線でこられたら、いくらでも負けてあげよう

上から目線の女への対処法

女子がとかく優劣を競いたがる性であることは、これまでにも述べてきましたが、なかでも自分が上だとアピールしたがるマウンティング女子は、非常に面倒くさいものです。私も最近、そんな人に会いました。人を小バカにした言い方をしたり、やたらと自慢したり、上から目線で人の話を「くだらない」とバッサリ切ったり。「どうして、そこまで上から目線になれるのか」とその堂々たる態度に、感動するほど。「これって威嚇《いかく》？」と少々うれしくもありました。なぜなら、それだけ脅威に感じてるってことですから。

残酷なようですが、人間というのは、自分よりも下の人間を見ると、安心するのです。

そんな上から目線女子の根底には、「私は〝このなか〟では平均よりも上である」「だから、上から目線になってもいいはずだ」という気持ちがあるものです。

昨今は、あからさまに上から目線になったり、自慢したりするのは、みっともないこと

とわかっていて、〝隠れ上から目線〟の女子も見受けられます。たとえば、「しょうもない男にモテるばかりで、本命にはモテないの」と自虐を交えた自慢や、「今年はパリでブランド品に散財したからお金がないのよ」なんて愚痴の偽装自慢など。そんな女子会に参加して、「なんだかモワッと疲れた」と感じる人もいるのではないでしょうか。

いつも人を見下している人にかぎって、自分が見下されるのが不安でしょうがない。中身で勝負できず、劣等感があるからこそ、勝ち負けを競い、下だと思う人の成功を「大したことないのに」と認めようとしません。

本当にレベルの高い人は、なにもしなくても認めてもらえますが、評価されたいのに評価してもらえない女子は、自分でアピールするより仕方がないのです。ということで、そんな人には、**「どうぞどうぞ不安を吐き出してください」と思うよりほかありません。**挑発にのって、感情的に張り合うのは時間のムダ。**「はいはい、あなたの勝ちですよ〜」とあっさり負けてあげると、人への攻撃は弱まります。**「この人も不安なんだなぁ」と寛大な気持ちになれたら、そんな自分に誇りをもってください。

といっても、長時間つき合うのは心底疲れるので、キリのいいところで話題を変え、距離を置きながら、適当に接していきましょう。しょせん、ちっちゃい世界の、ちっちゃい価値観の勝負なので、いくらでも負けてあげていいと思いますけど。

35

批判されることを徹底的に「自分のために」利用する

なにかにつけ批判してくる人への対処法

批判してくる人の〝批判〟には、二通りあります。一つは、「〝相手〟をどうにかしてあげたい」という気持ちからくるもの。もう一つは、「〝自分〟の存在感を示したい」という気持ちから。批判は「相手のためなのか」「自分のためなのか」を見分けるのは、相手の人間性からむずかしくはないと思いますが、この二つが混ざっていることもあります。「あなたのために言っているのよ」と言う人にかぎって、自分のイライラを鎮めるためだったりして。ここではおもに後者の**【なにかにつけ批判してくる人への対処法】**について述べます。

ウザい批判攻撃は逆手にとって、徹底的に自分のために〝利用する〟ということです。

1 批判があるのは当然のことだと思おう

〝異なる価値観〟を批判したい人はどこにでもいるもの。かつてリアルな世界ではおとなしいのに、ネットの世界ではやたらと強気な「ネット弁慶」という言葉が流行りました。ネットの掲示板でも「アンチ〇〇（芸能人の名前)」などおびただしい批判の数々。人の目に晒《さら》されれば、かならず批判はあるもの。批判されると、不機嫌になる女子が多いものですが、それではもったいない。「この人にはなにも言えない」と思われてしまいます。要は、自分に必要な点だけを取り入れればいいのですから、謙虚になって受け入れる姿勢を示しましょう。

❷ 自尊心と信念をチェックする機会にする

女子の批判は、たいてい自分が優位に立ちたいがために「とりあえず批判しとく」みたいな場合が多いもの。ちょっと批判されたからといって、全否定されたように凹んではいけません。自分の性格や態度を批判されたときは、「そうですか」などと適当にやり過ごしましょう。やっていることを批判されたら、〝私〟を主語にしてやんわり「私はこれでいい」と意思表示すると、その点の批判は和らぎます。たとえば、「いまさら英語なんてやってもムダよ」と批判されたら「私はやりたいんですよ」、彼氏のことを「お金がないのは問題ありね」と批判されたら「私はそれでいいんで」というように。ぐらついたら、「まだ自尊心(信念)が足りないのかな」と考えましょう。

❸ 批判から学べることを探す

なかには「そんな考えもあるのか」「たしかに私の弱点だから改善していこう」などと気づかされることもあります。また「こんな批判は嫌われる」と反面教師になることも。「いい学びをありがとう！」と考えたほうが身のため。批判を自分のプラスに変えたら、相手への嫌悪感も薄らいでいくはずです。

36

「群れたくない自分」も認めよう

仲間外れになっている気がするときに考えること

仲間外れというのは、女子にとって非常にキツい仕打ちです。「私だけランチに誘ってくれない」とか「いつの間にかみんなＬＩＮＥでつながっている」なんてことがあるとショック。歴史的にまわりの評価で自分の価値を決めてきた女子にとって、「だれにも仲間と思ってもらえない〝ぼっち〟」と〝見られること〟が耐え難いものかもしれません。仲間外れというポジションが定着すると、無視されたり、邪険に扱われたりすることも。

もし、あなたが仲間外れになっているような気がするなら、つぎのことを確認してください。グループの中で**【仲間外れになっている気がするときに考えること】**とは……、

1　自分を客観的に見てみよう　人に避けられているときは、「みんな冷たい」と人に目が向いていますが、「自分はどう感じられているのか」と〝自分〟に目を向けてみて。

仲間外れになりやすいのは、目立った「出る杭」タイプか、完全に舐《な》められた「埋もれた

杭」タイプ、あちこちに八方美人の「広く浅く」タイプなど、いろいろありますが、いちばん多いのは、人づき合いを怖がっている「オドオド」タイプ。そんな人は「近づかないで！」という〝オーラ〟を無意識に発しているもの。表面的には愛想笑いをしていても、気持ちはオーラで伝わります。どうして話しかけづらいのかわかれば、改善の余地あり。

❷ 話しかけやすいオーラを醸し出すヒケツは〝声かけ〟

つぎに自分から言葉を発するようにしてください。挨拶をしたり質問したりすることで、話しかけやすいオーラも出てきます。エレベーターに乗るとき、「一緒にいいですか？」「後ろ通りますね」などなんでもいいのです。声かけだけで印象は大きく変わり、話しかけられる場面も出てきます。

❸ 苦手な人を避けない

たとえ避けられているようでも、こちらは避けないで普通に接しましょう。ランチの時間をずらしたり、用事の連絡を躊躇ったりしがちですが、そんなことを繰り返すと、人づき合いがさらに苦手に。淡々と、堂々と振る舞ってください。

❹ 「群れたくない自分」も受け入れよう

いじめほど深刻でなければ、浮いた存在は、それほど悲観視することはありません。とくに職場は、友だちをつくる場ではなく仕事をする場ですから。「寂しいけれど、人と一緒にいることのほうが苦痛」「一人のほうが気楽」と感じる人も多いはずです。そんな自分に「無理しなくてもいいよ」と声をかけて。

人の目より「自分がどうしたら、心地いいのか」を最優先に考えましょう。

37

〝舐め〟はエスカレートするので、早めに手を打つ

簡単に舐められないための撃退法

人間というもの、自分より〝下〟だと認定した相手には、舐めた態度をとることがあるものです。私も「あ、舐められてるな」と思うことはあります。約束を忘れられたり、ほかの人との扱いが明らかに違ったり、言葉遣いが乱暴だったり。まぁ、この程度は笑ってすませられますが、職場やママ友など日常的に顔を合わせている相手からでは、辛いものがあるでしょう。ある知人は、毎日のように先輩女子に、わざと人前で叱られたり、「臭い」などと暴言を吐かれているとか。こうなると、すでにパワハラです。

経験上思うことですが、舐めた態度をとる人は、「どの程度、舐められるか？」を試しながら、〝舐め〟がエスカレートしていく傾向があります。なにも言わずにヘラヘラしていると、「舐めてもいいんだ」となるので、できるだけ早い段階で手を打つことが大事。

また、「舐められる人」にもそれを生み出す要素がいくらかあるものです。たとえば、「優

柔不断で、意見を言わない」「声が小さい」「身だしなみがだらしない」「なにを言っても怒らない」など。これらと反対のことを心がけると、〝舐め〟は撃退されます。

【完全に舐めている相手への撃退法】

1 大きな声でハッキリ意見すれば、舐められない　なにか聞かれたら、「うーん」などと悩まず、速攻で答えましょう。挨拶や返事の声を大きくするだけで効果はあります。

2 不愉快さを示せば、舐められない　自分の感情を表現することが相手の態度を変えるきっかけになります。「キツいですね」「そこまで言われたくないです」など自分の気持ちを伝えて。「あなた、ダメね」などと暴言を吐かれたら、「ダメって言いましたよね」とオウム返しすると、相手も自分の言葉を確認して「言いすぎたかも」と思うはず。

3 味方をつくれば、舐められない　気の弱い〝ぼっち女子〟はターゲットになりやすいもの。話しやすそうな人、面倒見のよさそうな人など味方をつくって、相談するのもあり。

4 きちんとした身だしなみだと舐められない　レストランなどでだらしない格好だと舐められるのと同じ。自分を丁寧に扱う人は、他人からも丁寧に扱われるのです。

5 精神的に〝優位〟に立てば、舐められない　相手が幸せでない人であることはたしか。オロオロするのではなく、「満たされていないのね」と状況を俯瞰して毅然としていましょう。「金持ち喧嘩《けんか》せず」の精神で、〝神対応〟に徹してください。

38 自分だけいい子になろうとする八方美人とはほどほどの距離感で

八方美人とのつき合い方

どんな相手に対しても愛想がいい、いわゆる〝八方美人〟は、一般的に「いい人」として受け止められているものの、多くの女子からは、内心、「なんかモヤモヤする」「調子がいい」と、警戒心を抱かれているものです。

だれにでも人当たりがいい人は、本音を言わなくて、なにを考えているのかわからない。あっちでも、こっちでもいい顔をするから、優柔不断で言動に矛盾がある。しかも、変に世渡りがうまかったりするから厄介で、人に取り入るために〝ここだけの話〟も流すことが多い……と、つまり、女子の間では「信用できない人」なのです。

基本的には明るく、あまり敵をつくらず、悪い人ではないので、「苦手だと感じる自分のほうがおかしいのでは？」と、その扱いに困惑してしまいます。そんな**【八方美人とつき合う鉄則】**は、表面上は当たり障りなくつき合い、軽い関係にとどめることです。

❶ 八方美人の「いいね」や、ほめを真に受けない

基本、なにを言っても「わかる〜」「いいですね〜」「すてき〜」など肯定的な反応をしてきますが、調子を合わせているだけなので、本気にしては振り回されることになります。心の中で「社交辞令がうまいのね」と思う程度にとどめておきましょう。なにかのテーマで意見してほしいときは、こちら側の賛同を求めるのではなく、相手側から提案してもらうように仕向けるのも一策です。

❷ 八方美人の前では、悪口と秘密は厳禁

気が合うように感じても、すぐに心を許してはいけません。人の悪口や、会社や家庭の愚痴、悩み事などを話すと、あとで散布されて「裏切られた！」なんて事態に陥ることも。人間関係をややこしくするのも、八方美人であることが多いので気をつけて。「楽しかったね」「おもしろかった」「おいしかった」など、ポジティブに楽しく会話できる、当たり障りのない話題を選びましょう。

❸ 八方美人とはほどほどの距離感で

大きな非がある人ではないので、苦手だからと露骨に距離を置いて遠ざけると、あなたのほうが悪者になってしまいます。特別扱いをせずに、ほかの人と同じように、ほどほどに接しましょう。ただし、八方美人の多くは、みんなにいい顔をするのにストレスを感じているもの。話を聞いてあげることで、「この人には気を許せる！」と徐々に心を開いてくることがあります。ほどよい距離感をもってつき合っていれば、とてもやさしくて助け合うこともできる、いい人なのです。

39 失敗を他人のせいにする人には〝予防対策〟

なにがなんでも
なにかのせいにする
言い訳女子への対策

ぜったいに自分の非を認めない女子は、プライドが高いわりに、実力がともなっていないことが多いものです。とにかく言い訳を見つけて、「あーいえば、こういう」ですね。

かつて典型的な〝言い訳女子〟が責任者の旅行に参加したことがあります。電車に遅れても「駅の表記が悪い」、行こうとしていた施設が閉館だと「副リーダーが確認してくれないから」など矛先があちこちに向かい、場の空気が険悪に。さらにみんなの集金を忘れてきたときには、「旅館で盗まれた！」と狂言まで飛び出して大騒ぎになったのでした。

このような〝言い訳女子〟は、失敗やミス、不本意な評価で、自分が悪者になって失望されたら最後だと思っているから、ときに嘘をついてまで、なにがなんでも言い訳します。子どもが母親に「オネショしたのね！」と怒られたときに、「違う！　犬がしたのよ」と言い訳するようなものです。

大人の言い訳は、もっともらしいから厄介。そんな**【言い訳女子への対策】**は……、

①　責任の範囲をハッキリさせておく　言い訳はなにか事が起きたときに出てくるので、事前予防が大事。とくに職場では責任転嫁しないよう、具体的な役割分担などを明らかにしておくこと。「言った、言わない」で揉《も》めないためにメモやメールなど記録を残して。

②　「あなただけじゃない」とハンデを与えてあげる　言い訳女子を頭ごなしに叱ったり責めたりすると、とことん戦います。自分が悪者にされることを相当悔しがり、根にもちます。繊細で傷つきやすいので、追い詰めてはいけません。「自分だけが悪い」と思わせず、いくらか罪を軽くしてあげること。「みんな一度はやっちゃうこと」「私もあるんだけど」など寄り添い、注意するときは「お互い気をつけようね」と言ってあげましょう。

③　「なんで？」と責めるより「どうすれば？」と未来志向で　言い訳女子へのＮＧワードは「なんで？」「どうして？」。さらに聞きたくもない言い訳を引き出すことになります。代わりに「では、どうすればいいですか？」と未来志向で、今後のことを考えさせて。

④　あまりに言い訳がましいときは放置　言い訳にやさしくつき合っていると、「この人には通じるんだ」とさらに増長することも。ときには不快感を示すことも必要。「じゃ、つぎはよろしくお願いしますね」などと話を切り上げて、放っておきましょう。

40 本音？ 建前？ ほめてくる〝言葉〟の意味を考えてはいけません

やたらとほめてくる女子への正しい対処法

「女子のほめ合いは面倒くさい」という声はときどき聞かれます。たとえば、トイレで一緒になったときに、「ネイルの色、きれい〜」とか、「いつもかわいい服、着てるよね〜」なんて、大したことのないことまでやたらとほめてくると、ほめられたほうはお世辞に聞こえて、「ほんとは思ってないでしょ」「これってマウンティング？」「自分もほめられたいから？」などと勘繰ってしまうことも。女子の暗黙のルールとして「とりあえずどこかほめなきゃ！」と焦ってほめ返そうとすると、白々しいほめ方になったりして。言われてうれしい気持ちとリアクションに困る気持ちが入り混じっているのではないでしょうか。

しかし、女子にとって〝ほめ〟は、いわば握手にも似たコミュニケーションの一つ。

ヨーロッパでも南米でも世界中どこでも、女子たちの〝ほめ合い〟は日本以上に盛ん。

私のような中年女性でも、「素敵なスカーフだわ〜」「スタイルいいわ〜」「きれいな声ね〜」

と、入ってくる情報の中からなんとかほめる部分を見つけようとしてくれる。「古今東西、女子はこんなふうにほめ合って、つながってきたのだ」と感動を覚えたほどです。

やたらとほめてくる女子への対処法は、「深い意味を考えないこと」です。相手が「仲良くしたい」と思っているのは事実。「喜ばせようとしてくれているのだ」と考えて、気持ちよく喜ぶのがマナーであり、「ほめられ上手」。深い意味を勘繰る必要はありません。

よくないのは、その言葉をマトモに受け取ることです。たとえば、「あれ？　痩せた？」と言われたら、「痩せてないですよ」とマトモに答えては、相手も「せっかくほめたのに」と残念に思うでしょう。「じつはそうでもないんだけど、痩せたと思ってもらえるなんてうれしい」でOKです。「字がきれいね」などとほめられたときに、「いえいえ、そんなことはありません。もっと上がいますから」などと謙遜するのもよくありません。

いちばんいいのは、まず感謝を示して、〝ほめ自体〟をほめることです。「ありがとうございます。○○さんのような方にほめられると励みになります」「ありがとう！　そういうところに気づいてくれるなんてうれしいなぁ」というように。

これで「ほめ返し＋感謝」を一気にしたことになるので、「相手のほめるところがない！」と無理にほめ返す必要もないでしょう。でも、いいところに気が付いたら、小さなことでも積極的にほめてください。むずかしく考えず、気楽につき合えばいいのです。

41

「だれでも話が変わることはある」と寛容に見守ろう

言っていることが、コロコロ変わる女子とのつき合い方

「女心と秋の空」という諺《ことわざ》があります。これを言ってきたのは、男性なのではないでしょうか。女はさっきまでニコニコしていたかと思えば、急にプンプン怒り出す。まるでコロコロ変わる秋の空のように移ろいやすいという一種の心構えのように使われます。

元来、過去にとらわれず、未来志向である女たちにとって、さまざまな方向に吟味を重ねて、よりよく順応するために、気持ちや感情が変わるのはあたりまえのこと。程度の差こそあれ、ほとんどの女子はそうでしょう。

忘年会の会場を「それ、いいねー」と賛成していたのに、翌日は「やっぱ、まずくない？」と反対に回る。「もう仕事を辞める！」「彼氏と別れる！」と何度も宣言しておきながら、いつまで経っても実行しない〝やめるやめる詐欺〟など、よくあることです。

こんなコロコロ女子は、大目に見てあげましょう。「前にあなたはこう言ったんだから、

変更はダメです！」というように怒る女子のほうが、寛容さがなくてつき合いづらいもの。「おやおや、これからどうなっていくのか？」とドラマを眺めるように見守ってあげようではありませんか。

そんな人は、「気持ちが変わりやすい人」として注意すればいい話。ひどい場合は「言うことが違うよ」などチクリとわからせるのもありですが、〝コロコロ〟はなかなか直りません。信用されなくなるので、すでに社会的制裁は受けているものです。

ただし、コロコロ女子が上司や先輩だと、かなり振り回されます。そんな人は意外に頭の回転が速くて、次々に新しいことを思いついては、すぐに実行したがる、まわりの迷惑を自覚していない人です。「変更しちゃってごめんね」となれば救われるのですけど。

コロコロ変わる指示への対処は、「感情的にならず、理論的に意見や提案をする」「決定をしばらく寝かせて見守る」「相手の言ったことを記録する」「『本当にこれでいいですか？』と念を押す」などがあります。ただ、権力を笠に着て「自分を重要視してほしい」という気持ちが強い人もいて、イヤミにとられると、キレられます。あくまでも冷静に。

パーセンテージはそれぞれですが、「半分信じる」ぐらいでいいのではないでしょうか。

42 口の軽い人、口の堅い人を見分ける

プライベートな情報を漏らす女子への対処法

女子の「ここだけの話なんだけど……」ほど当てにならないものはありません。

親密かつ信頼できる間柄ならまだしも、「大して親しくもない自分に言っている話は、どこでも話している」と考えたほうがいいでしょう。そんな話はいくらか軽さを帯びていて、言われた人もまた「ここだけの話なんだけどね」と言い訳をしながら拡散してしまう。その秘密が〝言わずにはいられないほどのネタ〟であればとくにそうなる可能性大。たとえば社内の異動話や、だれとだれがつき合っているという恋愛話など、「自分だけしか知らない」と思って話したのに、「そんなの、みんな知ってるよ」なんてこともあります。

女子が噂好きなのは、「自分の話を聞いてほしい」という気持ちや、「他人の新鮮なネタで相手を喜ばせたい」というサービス精神、「仲良くしたい」という気持ちもあります。秘密話を共有するのは女子の〝快感〟でもあるので、悪いわけではありません。

ただし、信頼して言ったつもりが、「プライベートな情報を漏らされてショック！」ということがあるものです。

この責任はだれにあるのか？　それは、間違いなく、言った「自分自身」。**秘密をばらす相手が悪いようですが、口の軽い人を見分けられなかった自分の責任。**味方のようにして近づく敵もいます。どこでも、だれにでも自己開示してはいけない。自分の身は自分で守るのが鉄則。女子は、着ている服を脱ぐ場所と相手を間違ってはいけないのです。

あとで「秘密だって言ったのにー」と相手を責めても遅い。そんな事態も想定して、極力「ここだけの話」はしないことです。

相手に秘密を話すのは「言いたい話なのに、言ってはいけません！」と負担を負わせること。相手を敵にしないためにも、くれぐれも慎重に。

どうしても秘密を言いたいときは「口の堅い信頼できる人」を見分けることが重要。ポイントは、「その人から、だれかの秘密を聞いたことがない」「人の陰口、悪口を言わない」「わざわざ自分で『私、口が堅いから』とは言わない」など。親密な間柄であれば、「お互いに秘密を握っていること」でさらに結束力が強化されることもあります。

いい関係を続けるためには、それぞれに対して、「話すのはここまで」という線引きをしておきましょう。

43

自己主張が強すぎる女子は、ハッキリ言って「お子さま」です

なにかと自己主張する人の取り扱い方

まわりに気を遣ってなにも言わない女子よりも、自分の意見をハッキリという女子のほうがつき合いやすいものですが、自己主張が激しすぎると、面倒な存在になるもの。

たとえば、「自分の意見が通らないと機嫌が悪くなる」「どんな話も自分の話にすり替える」「人にサポートしてもらったことも自分の手柄にする」「自慢話が多い」「自分が主役でないと気がすまない」などなど。

どうしてそんな自信満々かというと、どこかで自信をつけたんでしょうね。「自分が言うことには間違いがない」「強く出たほうが勝ち」と。昔から成績優秀で崇《あが》められてきた〝当然自己主張タイプ〟だけでなく、本当は劣等感のかたまりなのに「ここでなら強気でいっても大丈夫」と経験によって虚栄心をつけてきた〝勘違い自己主張タイプ〟もいます。

自分の意見を言うこと、自分を主張することは、まったく問題ありません。

まわりにちっとも目を向けられず、気遣いができないのが問題なのです。

自分の意見はハッキリ言うけれど、人の意見もちゃんと聞く人は、「なんていい人なの！」「さっぱりして気持ちがいい人だ」と思われているはずです。

自己主張の激しい人は、「自分もＯＫ、相手もＯＫ」というバランスがとれず、無意識に「自分の意見こそ、大事にされて当然」と脳に刷り込まれているので、聞く耳をもちません。人の話を批判するし、自分の意見を「人がどう感じているか」などお構いなしです。ひどくなると、相手をコントロールしようとまでします。

残念ながら、自己主張女子につける薬はないでしょう。「少しは人の話も聞きなさいよ」と諭したところで性格は変わりませんし、戦っても勝ち目はありません。自己主張女子がいちばん嫌うのは、自分を否定されること。基本、自分への批判はシャットアウトなので、さらに自己主張するべく、１言えば10返ってきます。徹底抗戦に出てくるから危険です。

かといって、同調する必要もありません。**距離を置いて、〝気持ち薄め〟につき合っていくほうがいいでしょう。**意見が違うときは、相手の意見を「そう思うんだ。それもありだよね」と肯定しつつ、「私は〜がいい」など、自分の意見をかぶせましょう。

自己主張女子は、期待通りの対応をしない女子には、キツい一撃を見舞うこともあります。**そんなときこそ大人になるとき。「お子さまね」と思ってやり過ごしましょう。**

44
仕事をしない同僚からも得るものはある

怠け女子とつき合うヒケツ

アラフォー女性たちに「職場でイライラするのはどんな人？」と聞いたところ、圧倒的に多かったのが「仕事をしない人」でした。真面目なのに能力がない女子は、まだ救いようがあるけれど、やる気がない、手を抜く、サボる、自分はラクしようとする〝怠け女子〟には、とくに腹が立つというのです。「やろうともしないで、すぐにムリですって反応するから、頭が痛い。忙しいフリをして電話にも出ないし、雑用は人に押しつけるくせに無駄話が多い。結局、私たちにそのしわ寄せがきてソンしてる！」とは、同僚女子への談。

このような嘆きは、たいてい、「仕事ができる女子」から出てくるもので、相手からは、「要求が高くてウザい」「もっと気楽にやればいいのに」と思われているかもしれません。

アリのコロニーはどう調整しても、「20％の働き者のアリ、60％の平凡なアリ、20％の怠け者のアリ」に分かれるといいますが、「あの人がやってくれるからいいや〜」と怠け

心の女子が出てくるのは必然なのです。そんな【怠け女子とつき合うヒケツ】は……、

1　怠ける女子と比較や期待をせずに、自分の役割に専念しよう　人と自分の仕事を比較したり、相手をあてにしたりするから、イライラするのです。こんなイライラがいちばん時間の無駄。自分の生産性に大きく響かないなら、仕事しない人がどうであろうと、「人は人、自分は自分」と考えて、自分のペースを貫きましょう。

2　「怠け女子がいるから、上げ評価と成長がある」と考えよう　上司やほかの同僚はちゃんと見ているもの。怠け女子のおかげで、あなたは「一生懸命やっている人」「仕事ができる人」と評価がアップしているはず。身近にずっと仕事ができる人がいたら、必然的にあなたの評価は下がるのです。また、相手の仕事が手抜きなら「私がしっかり確認しよう」、仕事が遅いなら「自分が効率を上げよう」とスキルアップもしているはずです。

3　怠ける人と役割分担をして、端的にお願いしよう　自分の仕事に支障が出てくるときは、〝怠けること〟を責めるのではなく、役割を具体的に決めることです。また「これは金曜日までにお願いしますね」など期限を決めて仕事をせざるをえない状況にもっていくのもあり。役割や仕事の進捗をみんなで〝見える化〟するのも一つの方法。極端に仕事が偏っているのなら、上司や信頼できる同僚と一緒に解決したほうがいいかもしれません。

基本、人を変えることはできないので、そんな人と割り切って対処していきましょう。

45 嫉妬をされたら謙虚に振る舞う

足を引っ張る女子への正しい対処法

女性が社会に出ると、かならずと言っていいほど「足を引っ張られる」という目に遭《あ》います。「出る杭は打たれる」は、横並びの群れで生きようとする女子たちの常。

足を引っ張る理由は「仕事ができるから」「上司にかわいがられているから」「生意気だから」などさまざま。「女性が管理職になったら、足の引っ張り合いで、職場が崩壊した」なんて話も聞きます。とくに上に立つ女子は同性に嫌われやすいだけでなく、男性からも「女には負けたくない」と闘争心を燃やされることも。

意図的に足を引っ張る女子に出会ったら、けっして相手にしてはいけません。足を引っ張られても、足の引っ張り合いになっては泥仕合。なんのメリットもありません。

「足を引っ張る女子」といっても原因はさまざま。ここでは、原因別に**【足を引っ張る女子への正しい対処法】**をご紹介します。

１　やっかみで足を引っ張る女子⇓気づかないフリをして謙虚に振る舞う　足を引っ張る人のほとんどは、〝嫉妬〟が原因。といっても本人は無自覚な場合が多く、イヤミ、悪口、告げ口、批判、無視、非協力……と貶《おこし》める行為をするのです。正義感の強い人は、つい反撃したり、相手を正そうとしたりしますが、恨みを買うだけで、逆効果。〝嫌いオーラ〟を発すると、対立はさらに深まります。相手の嫉妬には気づかないフリをして、適当にやり過ごしましょう（ただし、深刻な誤解は正す必要があります）。「私も至らないところがありますが、助けてくださいね」という謙虚な姿勢で振る舞っていれば、だんだん相手の攻撃もひるんでくるはずです。焦らずに、自分の目的を遂行してください。

２　八つ当たりで足を引っ張る⇓相手にしないで距離を置く　「人の不幸は蜜の味」とばかり、関係のない人に憂さを晴らす人もいます。もらい事故に遭ったようなものなので、相手にするのは時間の無駄。心の中でサーッと一本の線を引いて距離を置くのがいちばん。

３　負けず嫌いで足を引っ張る⇓成長のエネルギーに変える　相手が自分より優位になることを恐れて、意見に難癖をつけたり、ひどいときは妨害したりします。これも嫉妬の一つ。せっかくなので、「私もライバル視される立場になったのね」「でも、相手が攻撃意欲をなくすところまで突き抜けてやる！」など、成長のエネルギーに変えましょう。圧倒的な力をつけて一目置かれる立場になれば、足を引っ張られることもないのですから。

「長い話」の切り上げ方

46

毎回同じ展開の愚痴話にはつき合わない

基本的に、女子はとりとめのない話をするのが大好き。気の合った人なら、何時間でも楽しいものですが、〝一方的〟に愚痴や自慢話を延々と聞かされたり、毎回同じ展開の話につき合ったりするのは辛いものがあります。このような現象は「立場が上」と思っている女子から、下に対して起こることが多いでしょう。相手の知らない得意分野の話、時事ネタ、若いころの武勇伝など、話題に事欠くことはなく、気持ちよくしゃべってきます。愚痴をしつこく言うのも、相手が〝同等〟、または〝下〟だと思って安心しているからです。

そんな女子に真剣につき合ったり、愚痴の問題を解決したりしようと思わないことです。なぜなら、彼女たちは、問題が解決することを望んでいないのですから。「話を聞いてほしい」と思っているだけです。話を聞くことの重要性は、この本で何度も書きましたが、「いくらでも聞いてあげますよ〜」という人のいいオーラを発していると、こんな〝かまってちゃん〟の餌食になってしまいがち。「女子は、同じようなカテゴリーで群れる」という習性があるため、捕まるとなかなか抜け出せないハメになります。

ここは、さっさと「逃げること」が肝要です。以下で**【「長い話」の切り上げ方】**をご紹介します。ポイントは、相手の納得する理由を見つけて、颯爽《さっそう》と退散することです。

❶「このあと用事があるんで」　話が長くなりそうだったら、用事があることを理由にして、申し訳なさそうに切り上げるのがいちばん。「○○分の電車に乗らなきゃいけないので」「5時以降に宅配便が届くことになっているので」などなんでもOK。

❷「今日は1時間しかないんだけど」　話が長くなりそうな相手には、最初からタイムリミットを示す方法もあります。1時間後にアラームを設定しておいて、「あら、もうこんな時間。続きはまた今度」という小ワザもあり。

❸「ちょっとお手洗いに……」　職場でとなりの女子の話が止まらないときなどは、トイレや電話、「あっちの仕事、手伝ってくる」などその場を離れて強制的に打ち切って。

❹最終手段は、関心のなさそうな空気　移動もできず、話も止まらない状態なら、「話しかけないでオーラ」を発すること。「忙しいフリをする」「リアクションを鈍くする」「低い声で気のない返事をする」「笑顔を見せない」などで撃退できるはず。話の長い人はたいてい、自覚はあるので面倒なことにはなりません。安心して逃げましょう。

47 価値観の違いで相手を敵にしてはいけない

価値観の違いが気にならなくなる方法

ある友人が子どもを保育園に預けて働きに出ようとしたところ、遠方に住むお姑さんから「自分が仕事をしたいから幼い子を預けるなんて、母親失格！」とクレーム。友人がそれをママ友にグチったところ、「お姑さんにも一理ある」との冷たい言葉。友人は、「どうしてみんな頭が固いの？」と、お姑さんともママ友ともしばらく絶交状態になったとか。

多くの人は価値観を否定されると、自分を否定されたと思ってしまうのです。だから、価値観の違いには十分に気をつける必要があります。人を怒らせて「どうして、そんなに怒るの？」と思ったときは、知らず知らずに価値観を否定しているのかもしれません。

また、自分が他人との価値観の違いを感じたときは、「あの人はどうしてああなのか？」とイライラしていては身がもちません。**外国人と異文化交流をしているとでも考えましょう。**

いろんな人がいて価値観が違うのは当然だと思っていれば、「はぁ、そういう考え方もあるんですね。私とは違いますけど」とスルーできます。

そのうえで、つぎの**【価値観の違いが気にならなくなる方法】**を試してください。

❶「そういう〝部分〟もある」と大げさに考えない　価値観の違いにこだわると、「どうして、あの人は失礼なのか？」「どうして、声がうるさいのか？」とエスカレートすることに。ほとんどの問題は「そういう〝部分〟もあるのよね」ですませられること。価値観が違うからと相手を全否定せず、問題化しないことが、自分の身を守ります。

❷価値観の違いは「お互いさま」　自分の〝正しさ〟を主張しても、なんのトクにもなりません。他人の価値観は変えることができないのです。相手だって「どうして、あの人はああなのか？」と思っているもの。「私もイライラさせている可能性はある」と謙虚に考える視点を忘れずに。「違いはお互いさま」と思えば、大目に見ることもできるでしょう。

❸違う文化の人なりの対処をする　「子どもは母親が育てるべき」と考える人に保育園の話をしても共感してくれないもの。相手の文化を尊重すれば、さりげなく話を変えたり、相手が納得する言い方も見えてきます。

❹合うところに目を向ける　価値観が違うからとつき合わないのはもったいない。同じ目的があったり、同じものが好きで情報を共有したり。むしろ違う価値観だからこそ、学ぶことも多い。「合うところ」にフォーカスすれば、イライラも解消されるはずです。

48

9割は「悪意がない」でラクになります

悪意だと思わないヒケツ

人間関係で悩んでいるときは、「自分は否定された」「自分は嫌われている」など、相手から向けられる言動に傷ついているものです。

でも、**そのほとんどは、相手に「悪意がない」のです**。相手は「普通にしていた（または、困ったことがあった）⇒だから、そんな言葉を発した（態度をとった）」、それだけのことです。

注意された、批判された、イヤミを言われた、悪態をつかれた、無視された、見下されたなど、腹の立つ行為のほとんどは、あなたに対する悪意があるわけではありません。駅で人がぶつかってきたのと同じようなことなのです。

稀《まれ》に、憎悪が向けられていることもありますが、いずれにしても、相手の感情と言動は「相手の問題」ととらえて、瞬時に切り離しましょう。責任は相手側にあるのです。

「相手の問題」と「自分の問題」を分けるクセをつけてください。

どんな言葉を発するのか、どんな態度をとるのかは、相手の性格や人間性、コミュニケーション力などによって違いますが、世の中には完ぺきな聖人などいません。だれもが、多かれ少なかれ〝困った点〟があって、人に対して〝困った行動〟をとってしまうものです。

しかし、それは、それぞれの「相手の問題」であって、私たちには関係ありません。人の言動を「悪意」と思うと腹も立ちますが、相手の性格や人間性など「相手の問題」だと俯瞰して考えると、「人間だからしょうがない」と思えてきませんか？

「相手の言葉や行動をどう受け取るか」が、「自分の問題」です。

ひどい暴言をぶつけられて、ずっと悩み苦しむ人もいれば、まったく傷つかない人もいます。もしナイフで刺されたら重傷を負いますが、言葉や態度なら、自分の受け取り方次第で無傷ですますこともできます。「相手の問題」として気にしなければいいのです。

もし相手から批判されて、それが正しいときは、自分の行動を改める材料にさせてもらいましょう。相手の〝言い方〟ではなく、自分にとって必要な〝内容〟だけを取り入れて、あとは「関係ない」と、さっさと受け流せばいい話です。

相手に悪意があったとしても、それに傷つくなんて、なおさらバカバカしい。相手の目的を達成させてあげたことになります。自分の感情は「自分の問題」として、自分で守ってください。相手のせいでそう易々と傷ついてはいけないのです。

第4章

人間関係でソンをしないで生きていく

49

「陰口を気にしない格好いい人」になる

女子の陰口、悪口に負けない方法

あなたは、陰口を言われたことはありますか?

では、あなたは陰口を言ったことはありますか?

ほとんどの女子が、どちらも「YES」ではないでしょうか? 「いえいえ、陰口を認識したことはありません」という人も、それは自分が知らないだけ。自分が言う立場になったことは一度や二度ではないでしょう。陰口、悪口は女子のストレス解消や結束の証《あかし》でもあるので、大した被害もないのに「なんかムカつくよね」程度のことで、罪悪感もなく盛り上がったりします。女子は無意識に「みんなに好かれたい」と細心の注意を払っているものですが、**陰口を叩かれる可能性はだれにでもあるということです**。

とはいえ。狭い世界での陰口は、結構、堪《こた》えるもの。「みんなが、あなたのことを～と言っていた」などと耳に入ると、「はぁ? みんないい人の顔をしてるのに。もうだれも信じられない！」と人間不信になったり、「私、嫌われてるんだ」と自己嫌悪に陥ったり。なかには「陰口の欠席裁判にならないように女子会にはかならず参加する」なんて人も。

そんな【女子の陰口、悪口に負けない方法】は……、

❶「陰口を言われない人」ではなく「陰口を気にしない格好いい人」になる

陰口というのは、直接でなく、コソコソ言うから気軽なもの。「〝文句〟じゃなくて〝陰口〟が言いたい」「返事をされたら困る」のです。だから、陰口を密告されても、直接言ってこないかぎりは、「どうぞ勝手に言ってください」でＯＫです。陰口を言われる、言われないで、自分の価値が変わるわけではありません。「私に改善する点があるのかも」と反省する点があったら、〝自分のため〟に、そこだけは謙虚に受け止めましょう。

❷ 努めてフツーに接する

陰口を言われたからといって、下手《したて》に出たり、逆にツンケンする必要もありません。悪口を言っていそうな場面に出くわしたら、普通に挨拶をして通り過ぎましょう。直接言えない人たちは、一対一では友好的に振る舞うものです。

❸ 時間が解決してくれる

陰口を言われたからといって、殺されるようなことはありません。一生言われ続けるわけでもありません。

ただ、悪口を言ったほうはすぐに忘れてしまいますが、言われたほうはなかなか忘れられないもの。人から言われたとしても、自分は言わないようにするのも大切なことです。

50 イヤミを脳内で拡大解釈しない

むやみに自己否定しない考え方

人からイヤミを言われたとき、自分が全否定されたように落ち込む人は多いようです。
人は、不安要素があると、そのことにとらわれて、「全部がイヤになってしまう」ということがあります。それは、人に対しても、自分に対しても。人間は生きていくために、いいことよりも、よくない情報に気をとめる必要があったので、不安や恐れを、非常に重要なこととしてとらえ、頭の中で拡大解釈してしまう。で、自分を「私は嫌われている」「私はダメな人間だ」と全否定することになってしまうわけですね。

そんな人に、**【むやみに自己否定しない考え方】**を二つ、お伝えします。

一つは、**「完ぺきである必要はない」と、いい意味で、開き直ること**。イヤミを「〝一つの部分〟に対する〝一つの批評〟」と考えるクセをつけましょう。たとえ「役に立たない」「性格が悪い」などひどいことを言われても、それは自分の一部分しか見ないで勝手なことを言っているだけ。なんぴとであっても、他人を否定する権利はないはずです。

自己否定しがちな人は、自分に厳しく、「悪いところがある＝私は足りない」と減点評価しています。「悪いところがあってはいけない」と完ぺきを求めるから疲弊するのです。「いいところも悪いところもあっていいではないか」と思えば、どんな自分でも満点です。

もう一つは、**「自分を評価（自己評価）しなくてもいい」ということ。**

つまり、否定も、肯定もする必要はないのです。

私たちは、他人を見るとき、「〜だから、好き」「〜だから、イヤな人」というように、条件つきで評価します。無条件に人を受け入れられることは、稀でしょう。

それと同じように、自分のことも「〜だからダメな自分」と条件つきで評価してしまうのです。そこで、「そんなことない！　こんないいところもあるじゃないの」と自分を慰めようとしても、それに対する自己評価が揺らいだら、また落ち込むことになります。

よくも悪くもなくて、「これが自分なんだ」と、ありのままの自分を、目を見開いて客観視することで、「こうでなければ」「ああしなきゃ」という無益な思考から自由になれます。たった一人だけの自分をだんだん愛おしいと感じるようになってきます。

究極の〝肯定〟というのは、肯定も否定もしないことなのです。自己否定しそうになったら「完ぺきでなくてもいい」「自己評価しなくてもいい」と言い聞かせてください。

51

「イヤだ」という気持ちを認めるとラクになる

「いい人」脱却！
相手に振り回されない
基本的な考え方

本当はイヤなのに、ランチのお誘いに「いいですよ〜」と答えてしまう人、いませんか？

本当はイヤなのに、仕事を押しつけられて「いいですよ〜」となる人、いませんか？

自分の感情を抑えてばかりで、ストレスがたまってしまう人って、結構、多いものです。

ある派遣社員の女性は、「職場では、ひたすら自分を殺して生きています。それで、まるく収まるんですから。でも、1年が限界なので、1年ごとに職場を変えます」と痛々しいコメント。「自分を殺す」というのも、処世術の一つですが、長くはもたないのです。

彼氏や夫に対しても、ひたすらニコニコして、あるとき感情が大爆発するのもよくある話。

こうした「いい人」を演じて我慢している人は、肝に銘じてください。

「いい人」というのは、「どうでもいい人」になってしまうのです。

「この人はそれでいいんだ」「なんでもYESなんだ」と思われたら、意見がない人として見られ、無視されたり、相手に振り回されたりすることになります。

「いい人」でいようとする気持ちもわからなくはありません。たいていはやさしい人で、イヤだと思っていても、相手のことを考えたり、場の空気を読んだりすると、言いたいことが言えず、言葉を飲み込んでしまう。そして、「自分は我慢している」と感じたとたん、相手のことを心の中で責めたり、人間関係がイヤになったりしてしまうわけです。

では、そんな「いい人」は、一体どうすればいいのでしょう。

答えは簡単。**あなたが最初に「イヤだ」と感じたら、その感情を第一に考えればいいのです。これまで、〝他人〟の視点から決めていた行動を、〝自分〟の視点から決めるようにするのです。**「それができないから、困っている」「自分の感情はコントロールすればいい」という反論がきそうですが、自分の素直な感情をなかったものにはできないはずです。まずは、そのことを心得てください（「対立せずに自分の気持ちを伝える方法」は、第5章でお話しします）。

自分の感情を大切にしようと思えば、「ここは、なんとしてもNOを言おうではないか！」という気持ちも芽生えてきます。それだけでも、大きな進歩です。

「いい人」になりがちな人は、自分も他人も信じられていないのです。「NO」を言ったところで大したことにはなりません。「自分がそうしたいから、そうする」でいいのです。

52

人のすばらしさを認めると、自分のすばらしさも見えてくる

女子が他の女子と自分を比べる行動「マウンティング」は、まさに〝習性〟ともいうべきもの。女たちは、「古代から異性を獲得する競争市場」のなかで、無意識にまわりとの優劣を確認する「沈黙の戦い」を、日々繰り返してきたので、女であれば、古今東西ぜったいに抜け切れないクセなのです。幼いころから、かわいさ、頭のよさ、スタイル、モテ方、家柄、持ち物に至るまでなにかと比べられてきたし、自分でも比べて一喜一憂していたはずです。先日、こんなことを言っていた若い女性がいました。

「会社の同期と比べられるのがツラい。実際、仕事ではなにも勝てないし、男性はみんな同期にチヤホヤ。せめて結婚だけは先にして、さっさと辞めてやる！」

これは、まわりから比較されるからではなく、自分で比較しているから苦しいのです。相手と比較して落ち込む……そんなクセをやめるために、するべきことは一つ。

「やっぱ、〇〇さんって、すごい」などと、**相手を称《たた》えることです。**一人でつぶやいてもいいし、口に出してほめるとさらに効果的。人のすばらしさを認めると、気がラクになって「私も自分にできることを自分のペースでやっていこう」といった、これまでなかった視点が見えてきます。さらに、「私だって結構、役に立っている」と自分のすばらしさや、「デキる同期がいるのは刺激になる」と得ている点も見えてきます。そのうち、「なんで、私はあんなことにこだわっていたんだろう？」と思うときがやってくるはずです。

そもそも**人と安易に比べているときは、最初から「勝てない戦い」をしているのです。**〝敵〟が強いのはあたりまえ。なぜなら、そんなときは、「自分にはないもの」と「相手にあるもの」を比べて戦っているからです。「自分にあるもの」もたくさんあるのに、そこは見えない。つまり、「隣の芝生は、つねに青い」ということです。

「人の成功や幸せを喜べない」という人は、そんな〝比較の罠〟にはまっていることに気づいてください。人と比べるから、自分を不幸にしてしまう。誇りをもって、「おめでとう。よかったね」と称えましょう。比較の罠から抜け出せて、気分がいいですから。

せっかく比べるとしたら、「私も、あんなふうになりたい」「彼女と自分はなにが違うんだろう」と、自分の糧《かて》にしていく比較をしましょう。

比較は、落ち込むためのものではなく、利用するためのものです。

53

「もしかしたら」の妄想が自分を傷つける

妄想に陥って自分を苦しめない方法

「女の勘は当たる」という言葉がありますが、これは正しくもあり、間違ってもいます。それには、一つ、条件があります。**「現実をあるがままに見ているか」ということです。**

女性は基本、観察力が鋭く想像力が豊かなので、恋人や夫の浮気など、「あれ？」という違和感を見逃しません。相手の言動や証拠などから、事実を突き止めようとします。が、「いや、それって妄想でしょ」というようなことを考える女性がいるのも事実です。

たとえば、職場で「あの先輩、私を嫌っているような気がする」と思ったとします。すると、家に帰っても、布団に入っても、「きっと私に嫉妬しているんだ」「そういえば、前にもそんなことがあった」「○○さんと話していたのは、きっと私の悪口ね」などと、妄想物語を延々と考え続けます。

自分が「～のような気がする」と思ったら、その物語に沿った情報だけをかき集めてしまうのです。「冷たい反応に見えたのは、急いでいたからかも」とか「クールな性格なのね」といった反対の情報は、一切無視です。

「自分を傷つける人＝悪い人＝敵」という構図ができ上がり、相手を敵対視して、その行動に一喜一憂するわけですね。こんな〝取り越し苦労〟がいちばんバカバカしい。

「もしかしたら……」と、ついよくないことを想像してしまうことって、多かれ少なかれだれにでもあるもの。そんなときは、つぎの二つの言葉を自分にかけてあげてください。

「考えてもどうしようもない」　どれだけ考えても、物事は進展しません。考える必要のないことを考えるのは時間のムダ。「もしかしたら」の妄想は自分をどこまでも傷つけます。まずは、この言葉で妄想にストップをかけて。

「想像ではなく、ハッキリした出来事だけに対処する」　「あの人は、きっと〜なのだ」という自分の思い込みで行動すると、問題が複雑になります。「〜と言われた」「〜の行動をとられた」など、明確な出来事だけに対処しましょう。ほとんどは、その場だけ、シンプルに切り抜ければいいこと。いじめや仲間外れなど深刻な問題でなければ、放っておけばいいのです。

現実を客観的に見て、お互いのために必要な行動だけをとりましょう。

54

「言い返さなきゃ気がすまない！」と思う人へ

納得いかない、気に食わない、ときの言葉

上司から言われたことが納得いかなくて、言い返さなきゃ気がすまないとか、同僚や家族、恋人などに対して、なにか気に食わないことがあると、見逃そうとせずに責めてしまうなど、「言いたいことが我慢できない」という人がいるものです。

かつて、そんな部下がいました。なにか指摘すると喧嘩腰になって、「私はちゃんとやってます！」「理不尽なことには従いたくありません！」と、あーいえばこういう状態。感情的になって正当性を主張するから、場の雰囲気が凍りつく事態に。いま思えば、仕事はがんばっていたので、それを認めてあげていたら、少しは和らいだのかもしれません。

思ったことを言えるのは、すばらしいことではあります。「言いたくても言えない」という大多数の人から見ると、称賛に値します。しかし、あとで後悔したり、相手からさらに攻撃されたりして、厄介なことになっているのなら、改めるべきクセです。

このような人は、たいてい、言ったあとの〝結果〟までは考えていません。

自分のモヤモヤした不愉快さを心にとどめておくことができなくて、「言わなきゃ負け！」とばかりに、相手と戦って勝つことしか考えていないのです。心の奥で「わかってー」「改善してー」と叫びながら、やみくもにその〝不愉快ボール〟を投げてしまいます。

自分の不満や不安を吐き出すことに必死で、そのボールを受け取った人が、「どんな気持ちになるのか？」という想像力をなくしてはいけません。

そんな傾向がある人は、カーッとなったとき、つぎの言葉を自分に投げかけてください。

「これって、言う必要あるの？」　まずは、言わなきゃ気がすまない状態になったら、その場から離れて、お茶でも飲んでください。心で思ってもすぐには口にしないことです。

そして、「言う必要があるか」とよく考えて。〝結果〟が変わりそうなら、「どう伝えたら、望む結果になるのか」、〝言い方〟の工夫をしましょう（これは第5章で述べます）。

心に残ったモヤモヤは、〝自分〟で処理してください。紙に書きなぐってビリビリに破くもよし、信頼できる人にグチるもよし（ただし相手が気持ちよく聞いてくれる程度に）。まぁ、ほとんどのことは、好きなことでもやっていれば忘れてしまいます。勝ち負けに執着したのはなんだったんだろうとさえ思えてきます。勝負は自分でつくり出しているのです。

他人との小さな争いに固執して、言わなくてもいい言葉を投げてはいけないのです。

55

「〜するべき」は「〜したほうがいい」とゆるく考えよう

「べき思考」で人を縛ってしまう人が自分を変える方法

「上司なんだから、責任ある行動をとるべきよ」「男性だったら、せめて年収〇〇万円はあるべきでしょう」「給料をもらっているのなら、這《は》ってでも仕事に来るべき」……。

このようなことを言う「べき思考」がすぎると、まわりから疎まれてしまいます。

自分限定の主観的なルールや理想を、人にも押しつけようとするのは、迷惑な話。人は、押しつけられるのが大っ嫌いな生き物なのです。

「べき思考」の人というのは、一見、正しそうな常識や正論を用いて、意見を主張します。

たとえば、先輩が後輩女子を叱るときに「それ、人としてどうかと思う。普通はそうすべきじゃないでしょ」などと言うと、そこで話はストップ。後輩にもそれができない事情があったかもしれないのに、「話を聞いてくれない人だ」と思われるかもしれません。言っていることが「正しい・正しくない」の前に、べき論的な言い方に反感をもたれるはず。

常識や正論をふりかざすのは、「みんなもそう言っているんだから」と大勢を味方にしたかのような卑怯な論法。「かならず勝てる」のがわかっているのですから、それは嫌われます。

とはいえ、このような「べき思考」は、だれにでも多かれ少なかれあるのではないでしょうか。それが強いと、まずもって、自分を苦しめます。ストレスがたまります。

先日、ある女性が「私、きっちり仕事をするべきだという思いが強くて、いつも深夜まで残業。契約社員なのに、なぜかいちばん働いているんですよ」なんて嘆いていました。

「思考」と「感情」が乖離《かいり》しているから、むちゃくちゃ無理をしているはずです。

もし、あなたに「べき思考」があるとしたら、**まず、自分にも他人にも「〜するべき」「〜しなければ」という言葉を使わないようにしましょう。**

代わりに使うのは、「〜したほうがいい」という言葉。

たとえば、「お礼状を書くべき」を「お礼状は書いたほうがいい」、「大人として貯金をすべき」を「貯金はあったほうがいい」くらいに薄めて対処するようにすれば、「これって無理にしなくてもいいのかな」「ほかにも方法があるのかも」と柔軟に思えてきます。

本当は、人生に「〜するべきこと」なんて、ほとんどないのです。そしてだれにだって、自分で行動を選ぶ自由があるのです。

56 気まずくなったあとに仲直りするステップ

自分から働きかけて気まずい空気を消す

ついカッとなって口論してしまった、イヤな言い方をしてしまった、悪口を言われたなど、気まずくなった関係を修復したいけれど、謝りたくはない、きっかけがつかめないということはあるものです。

もし、あなたがそんな状況になったら、さっさと自分から働きかけましょう。

ストレスを軽減することを考えれば、気まずい空気を引きずるのはソン。「あの人のほうが悪いのに」といった「いい、悪い」といったつまらないプライドは手放しましょう。

心の平穏を取り戻すために、〝人間関係〟が「よくなる」ほうを優先するのが賢い対応。

つぎの**【気まずくなったあとに仲直りするステップ】**を試してください。

1 普通に接して「私は気にしていませんよ」アピール

気まずいからといって、目を合わせない状態が続くと、どんどん深みにはまります。イヤな感情は見せずに、普通に挨拶をしたり、必要な連絡をしたりして、「仲直りしたい」という意思表示をすることで、〝なかったこと〟にできる場合もあり。相手が意地っ張りな性格なら、人前で声をかけるのがおススメです。あからさまにイヤな態度や無視はしにくいでしょうから。

❷ 話し合う必要があれば、素直に「気を悪くさせてごめんなさい」からスタート

相手を責める言葉ではなく、まずは、「この前はごめんなさい」「言いすぎました」「仲良くしましょう」など、こちらから歩み寄るのが効果的。相手も「私も悪かった」と素直になって、建設的な話し合いができる可能性大。勘違いされている場合、お互いに譲れない場合は、納得がいくまで話すことで、「話してよかった！」と和解することもあります。

話しにくいときはメールや電話も有効ですが、気持ちが伝わりにくく、相手の反応もわかりにくいもの。直接、顔を見て話すほうが解決も早く、すっきりするはずです。

❸ 拒絶されたら、時間が解決してくれるのを待つ

謝ったのに相手が拒絶すれば、相手に問題があります。いったん時間を置いて、落ち着くのを待ちましょう。つねに心の間口は開けておいて、相手の態度が軟化してきたときに、「今日は暑いですね」など挨拶から入り、話の中で「仲良くしたいと思っていたんですよ」など、さりげなく伝えてみましょう。それでも頑《かたくな》な人は、放っておきましょう。仕事や生活自体にそれほど支障がなければ、あまり気にせず、それなりに距離をとって、つき合っていけばいいのです。

57 人見知りは性格ではなく、コミュニケーション力を磨いていないから

人見知りを克服する方法

じつは、私はかつてたいへんな人見知りで、新しい職場に入ったり、趣味のグループに入ったり、交流会に参加したりしても、なんとなく蚊帳《かや》の外にいるような状態でした。いつもだれかが話しかけてくるのを待っている……というような。でも、子どもならまだしも、大人が人見知りっていうのは、格好悪い。人見知りって言い訳して、コミュニケーション力を磨いていないだけだと思い始めて、いくらか努力するように。転職が多かったり、国内外を一人旅するようになって、現地の人と話そうと声をかけるようになったことも影響したかもしれません。いまでは、エレベーターで知らない人とも話すほどです。

コミュニケーション力も語学や楽器と同じで、訓練で克服できます。

【人見知りを克服する方法】

1 挨拶と「ありがとう」が最初の一歩

人見知りさんは、極端にいうと、人を〝敵〟

だと怖がっているのです。「拒絶されたくない」という気持ちも強いのでしょう。でも、挨拶だったら、ほとんどの人は返してくれます。反応がよかったら「今日はいい天気になりましたね」、職場では「昨日は遅かったんですか?」など、いろいろ付け加えて。「ありがとう」もだれでも受け入れてくれる言葉。話しかけやすそうな人を見つけるのも一策です。

❷ 相手に興味をもって質問してみる

人見知りの人は、「自分がどう思われるのか」と、自分に意識が向いています。「あの人はどんな人だろう」「どんなことが好き?」「どこの出身?」など、相手に興味をもってなんでも質問してみましょう。「私は〜ですけど、○○さんはどうですか」と質問すれば、自己開示と一緒に相手を知ることもできます。

❸ 共通の話題、共通点を見つける

質問しながら話していれば、「私も猫を飼っているんです」という共通点や、「そのドラマ、私も毎週、観てます」など、共通の話題が見つかるもの。とくに女性は、「同じ!」で一気に仲良くなれて、話がふくらむはず。

❹ いっそ「嫌われてもいい」と考える

いちばん大事なのは、「リラックス」すること。「ありのままで接して、それで嫌われたらしょうがない」と接すれば、ラクに話せるようになります。ほとんどは気さくに返してくれるので、世の中のみんなが〝味方〟のように思えてきます。たとえ、拒絶されてもそれは「相手の問題」と考えればいいのです。

失敗してもなにも起こらないので、むずかしく考えず、遊び感覚で何度でもトライして。

58

落ち着いた人間関係をじっくりつくりましょう

ささいなことで動揺する敏感な人へ

「私、打たれ弱いんです」「すぐに凹んじゃうんです」などという人は、意外に多いものです。ささいなことで動揺したり、人前で緊張したり、苦手な人にビクビクしたり、人と会うとぐったり疲れたり……といった、人一倍感受性の強い人は、心理学用語で「HSP（Highly Sensitive Person）」とも呼ばれています（病気ではなく、心の傾向です）。

人間の約2割がHSPに相当するといいますが、実感として、日本人にはもっと多いように感じます。それほど繊細ではない多数派は、「メンタル弱すぎ！」などと言って片付けようとしますが、傷つくんだからしょうがないのです。

そんな人は、こんなふうに考えるクセをつけてください。

一つは、**「他人や出来事と自分を関連づけないこと」**。感受性の強い人は、人が不機嫌だったり、風当たりが強かったりすると、「私、なにかした？」「私が言ったことがいけなかった？」など自分と関連づけてオロオロしがちです。でも、それは「自分の世界」を超えて、「他人の世界」にお邪魔しているようなもの。考えそうになったら、「それは、私の考えることではない」と頭から追い出して、「自分の世界」に戻るのです。これを繰り返しているうちに、他人がどうであろうと、あまり動じなくなります。

また、**「人は自分のことを、あまり気にしていない」**と考えるとラク。どんな服を着ていようと、どんな発言をしようと、どんな失態をしようとも、自分のことをいちいち気にしているのは、自分だけだと、言い聞かせましょう。

そして、**自分のペースで、自分なりの距離感をもって人とつき合うこと**。「みんなと仲良くしなきゃ」「人に合わせなきゃ」と思うのではなく、「つき合いづらい」と感じる人とは、ほどほどの距離感でつき合えばいいのです。合う人もいれば、合わない人もいます。心を許せる人を大切にしていれば、そうでない人から批判されても気にならなくなります。

感受性の強い人は、人の気持ちを思いやる能力ももっています。また、ネガティブなことだけでなく、うれしいこと、楽しいこと、感動することをキャッチする能力も人一倍あります。それがプラスに作用して人間関係では武器になることもあるのです。

強くなくても、やさしく、しなやかであれば、生きていけます。ありのままの自分を受け入れて、自分を責めるのをやめるだけでも、かなりラクになるのではないでしょうか。

59

女々しさの原因は、自分を変えられない「固定思考」にある

〝女々しさ〟をなくすための基本的な習慣

『マインドセット「やればできる！」の研究』（草思社）の著者で心理学者のキャロル・S・ドゥエック博士は、20年にわたる研究で、**人は「固定思考の人」と「成長思考の人」に分かれる**ことを発見したといいます。

「固定思考」とは、能力や素質は限られていて、努力しても獲得できないという考え方。対して、「成長思考」とは、能力は努力によって獲得できるものだという考え方です。

これを読んで、私は「なるほど！」と膝を打ったのでした。**女のイヤな部分である〝女々しさ〟とは、この「固定思考」から生まれてくる**のではと。

たとえば、マウンティングをして張り合ったり、人の成功を妬んだり、人の目を気にして一喜一憂するのは、「自分では人生を選べない」という「固定思考」からくるものなのです。

もちろん、女性のなかにも「成長思考」の人はいます。そんな人は、自分を高めること

ができれば、まわりの評価も、望む未来もついてくると根っこで信じているから、女々しい行為をする必要もなく、「自分は自分、人は人」で、人を敵と思うことはありません。

幸いなことに、「固定思考」と「成長思考」は、努力によって変えることができるとか。

もしあなたが「固定思考」なら、「成長思考」へと変化するためのいちばん大事な方法をお伝えします。

それは、**「自分のやりたいことをやる」ということ**です。

そのためには、自分に「本当のところ、どうしたいの？」と日々問いかけること。小さなことからで構いません。食べたいもの、行きたい場所、つき合いたい人、休日の過ごし方など、とにかく自分を満足させるものを選択するのです。**自分を幸せにするために一生懸命で、自分の内側へ内側へと目を向けていくと、他人の目などどうでもよくなります。**

人に批判されても自分に必要なことだけ受け取り、うまくいかないことがあっても、それを糧にすればいいだけです。

固定思考の人は、根底に「自分をよく見せたい」という欲求があるため、危険な挑戦を避けたがります。うまくいかないと、すぐにあきらめて、早い段階で能力も頭打ちです。

自分を信じることができれば、自分も人も責めることがなくなるはずです。

60

「白か黒か」の二極思考は、いつも〝正解〟を求めてソンをする

どんな状態も肯定するための魔法の言葉

前項の「固定思考」の人は、つねにまわりの評価が基準になっているため、「失敗か成功か」「勝ち組か負け組か」「敵か味方か」と〝正解〟を求める傾向にあるようです。

心理学的にも、男性より女性のほうが白黒をハッキリさせたがる傾向があるといいます。

たしかに、男女間の恋愛においても、「好きなの？　どうなの？」「続けるの？　別れるの？　はっきりしてよ」と相手に決断を求め、結論を出したがるのは、たいてい、女のほう。

不安定な状態でいるのは、モヤモヤして落ち着かない。いいことであれ、悪いことであれ、安定して進むために、攻撃的になってでも性急に答えを見つけようとするのです。

この二極思考は、人間関係やさまざまなことで〝ソン〟な結果になってしまいます。

私もかつてそうでした。営業をしていたとき、相手に少しでもケチをつけられたら、「あの人、大っ嫌い。もう二度と行かない」とバッサリ切り捨ててしまう。相手の一部分がイ

ヤになったら、すべてが真っ黒。にっくき敵のように思い込んでしまうのでした。

しかし、営業仲間に、どれだけ失礼な態度をとられても、ケロっとして何度も行って商談をまとめてくる女性がいました。彼女はよくこんなことを言っていたものです。

「一つダメだって言われたって全部ダメなわけじゃない。そこだけ直せばいいでしょ」

彼女は、どんな状態も「それは一部分」として受け止めて、ほかの部分で〝肯定〟していたのです。〝グレー〟を認められる人は、明らかに〝トク〟な人です。そこからなにかを学んだり、自然に物事が好転したりすることもある。人間関係も続いていくのです。

私が、グレーを受け入れるようになった魔法の言葉があります。それは、つぎの二つ。

❶ どんな状態でも「これでいいのだ！」と肯定する

「天才バカボン」のパパのように、どんな結果になっても「これでいいのだ！」、過去の人間関係のトラブルも「あれはあれでよかった」です。すると、そこには多くの恩恵や学びが隠れていることに気づくはず。

❷ 「ありえない！」と思うことを「あるかもね」

これまで否定していた人を「あるかもね」と肯定すると、人には人のさまざまな事情があるのだと思えてきます。「じゃあ、どうすればいい？」と発展的に考えられます。相手に期待しないで、自分に期待するのです。

なによりグレーを認められるようになれば、自分を否定することから解放されます。どんな自分であっても、「これでいいのだ！」と認めてください。

第5章

対立せずに自分の気持ちを伝える方法

61

自分の気持ちは、言わなきゃ伝わらない

意見が食い違ったときにとるべき基本的な対処法

人と関わっている以上、意見を言わなければいけない場面は、かならず出てきます。たとえば上司に理不尽なことを要求されたとします。しかし、あなたは「こんなことを続けては、会社のためにも、自分のためにもよくない」と思うとき、どうしますか？

1 「どうせ言ってもムダだろう」と相手に従う

2 「それはできません！」と断る

3 それをやる理由を聞いて、自分の意見も伝える

1の人が多いのではないかと思います。「言ってもムダ」「言ったら気分を害してしまう」と先回りして、言いたいことが言えない。「自分がやればすむことだから」と引き受けていると、なんでも相手の言いなりになったり、自分のペースが守れなかったりします。話せば「早く言ってくれたらよかったのに」と考慮してくれることもあるのです。たと

え受け入れられなくても、気持ちを表明すれば、なにかが変わるかもしれません。**自分の気持ちを、けっして後回しにしてはいけないのです。**

2の言いたいことを言うのは、相手が甘えすぎている場合など、必要なこともあるでしょう。しかし、自分の意見を言うだけ、批判するだけの人は、なにかと対立したり、浮いた存在になったりします。1、2は「勝つか負けるか」という考え方。これでは、自分か相手かが腐り、ひいては人間関係を腐らせることになってしまうのです。

「戦わない人間関係」の解決策は3が基本です。「あなた（組織）の考えがある。私の考えがある。じゃあ、どうしましょうかね？」と〝折り合い〟をつけていくのです。相手だけの視点だけでなく、自分だけの視点でもなく、双方の視点から解決策を考えることです。

この章では「対立せずに自分の気持ちを伝える方法」をお話しします。意見が違うときは、話し合うこと。それさえ忘れなければ、肩の力を抜いて人とつき合えるようになります。ストレスが劇的に減るだけでなく、人間関係のトラブルも少なくなります。

なにより、人に協力してもらいながら、自分のやりたいことをやったり、目的を実現したり……と自分の道を歩いていけるのです。

意見を言うことは、戦うことではありません。人と折り合いをつけながら、自分のペースを守っていくこと、自分も相手も大切にすることなのです。

62

本音を言うときは、明るく、さらりと、押しつけない

言いたいことを言うときの3つのコツ

言いたいことをハッキリと言う人は、気持ちがいいものです。まわりの人がどうであろうと、「それって、ヘンじゃない？」「私は、〜だと思うよ」など自分の意見を表明する人は、裏表がなくて、信頼できます。職場に一人でもこんな人がいると、開放的な空気になるもの。相談相手としても、本音で答えてくれるから、貴重な存在になります。

自分の気持ちを伝えるのは、自分も人間関係も大切にするために、とても重要なのです。

しかし、ただ、言いたいことを言っていると、ワガママだと思われてしまうことも……。

あなたのまわりで、本音を言っても嫌われず、逆に信頼されたり、好かれたりする人をイメージしてください。そこには、他人への〝イヤミ〟や、自分自身の〝切羽詰まった感〟がないはずです。肩の力が抜けているような心の軽さ（＝余裕）があるから、ときに辛辣な本音であっても、まわりに受け入れてもらえるのです。つぎの**【言いたいことを言うと**

きの３つのコツ】を実践するうちに、少しずつ本音でつき合えるようになるはずです。

❶　本音は、さらりと明るく言う

本音を言っても好意的に見られている人は、なんといっても〝明るさ〟があります。「言いたいことは言わなきゃ」と、気持ちがいっぱいいっぱいの状態で切り出すと、じめっとした重たい空気に。言いづらい本音を伝えるときには、思ったときにさりげなくということが大事。「そう思うんだもの〜」というように、あっけらかんと明るく、やわらかい口調で話すと、不思議と心に余裕が出てきます。

❷　自分の気持ちを押しつけない

本音を言う人は、「相手が受け入れてくれなくても、しょうがない」と押しつけがないから、心に余裕があるのでしょう。相手と意見が違うからと戦ったり、説教じみたことを言ったりしません。人を傷つけず、「あなたの言うこともわかるよ」と相手の立場も考えようとする思いやりがあるので、安心できるのです。

❸　本音を言っても、しこりを残さない

「これを言ったらどうなるのか？」と考えすぎると、言いたいことは言えず、言ってもクヨクヨ考えがち。本音を言う人は、「本音を言っても、大したことにはならない」と思っているから、言ったその場で忘れられるのです。

本音を言える関係になると、大幅にストレスも軽減されるはず。いますぐ本音を言う人にはなれなくても、小さなことから、少しずつ、自分の気持ちを表明していきましょう。

63

意見の違いと人間性は分けて考えよう

意見が違う相手を"敵"と思わないための考え方

「意見が食い違うと、人間関係まで悪くなる」という人は多いもの。「自分の気持ちを伝えるのが苦手」、逆に「強く言わなきゃ負ける」といった人は、「意見が違う＝敵」と見なして、必要以上に鎧《よろい》が厚くなっているのです。すぐに言い争いになる女性リーダーにも、このようなタイプが見受けられます。が、意見が違うだけで人間関係が悪くなるのは、たいへんソンなことです。

しかし、なかには「自分の意見をハッキリと言うけれど、意見が違う相手にもうまく対処できる」という女性もいます。「なにが違うのだろう？」と考えてみると、そんな女性たちは、女性特有の"明るさ""寛容さ""謙虚さ"をうまく利用しているのです。

「問題がうまく解決できればいい」ということを最優先にしています。

そんな女性たちは、「勝ち負けは関係ない」「自分がいちばんにならなくてもいい」と思っていて、人の陰になって支えることや、人に花をもたせることを厭《いと》いません。女性は、戦うことを好まず、人のためになることをそっとやって、「あぁ、よかった」と満足しているような大らかな面もあるのです。

ちゃんと意見を言うのも、だからといって「私が、私が」と自己主張しないのも、**「評価されるか否か」ではなく、「問題が解決するか否か」を軸に動いているから**。で、現実を受け止めて柔軟に対応したり、相手の性質や立場を考えながら発言したりできる。すると、不思議なことに、そんな人ほど人に引き立てられて大事にされていくのです。

もし、あなたが「そうはいっても、意見が違うとモヤモヤして」という人なら、つぎの言葉を、自分にかけてあげて。

「〝その人〟が問題なのではなく、〝そのコト〟が問題」

意見が違うからといって、その人全部を否定してはもったいない。助けてくれることもあるのです。〝人間性〟と〝問題〟は切り離して考えましょう。問題を大きく、複雑にしないことも大事。目の前の問題を解決すればいいだけの話。意見が違うままでいい場合もありますし、必要なときは、「ここだけ切り抜ければいい」と話し合えばすむことです。

問題解決のコミュニケーションに「どちらか正しいか」は関係ありません。**本当の敵は、「自分の中の敵意」。敵意をもったところですっきり解決するには邪魔なだけです。**

64 「でも」「だって」「どうせ」のひと言をこらえよう

自分と異なる意見をイライラせずに聞くための注意点

相手と話し合うための基本的なステップはつぎの3つの順序です。

「相手の話を聞く」⇓**「自分の意見を言う」**⇓**「問題を解決する」**

つまり、話し合いは、「まず人の話を聞く」が鉄則。心を開いて相手の話を聞こうとすると、相手もこちらの話を聞こうという態勢になります。

しかし「人の話を聞く」のが大事といっても、納得のいかないことを言われたり、一方的な主張ばかりだと、聞いているうちにイライラしてくることもあるでしょう。そこで**【自分と異なる意見をイライラせずに聞くための注意点】**は……、

1 相手を決めつけない⇓**〝だれ〟が言うかではなく、〝なに〟を言うかに注力しよう**

人間、好きな人や尊敬できる人の話は素直に聞くのに、苦手な人、年下の話には批判的になりがち。「どうせこの人はワガママだから」「どうせ言ってもムダだから」と相手を決

めつけるのではなく、「なにを、どうしたいのか」と相手の頭の中を確認しましょう。

②　相手の〝事情〟と〝立場〟を尊重する⇒「そういうことですね」と理解を示す

たとえば、自分がいいと思っていたAのアイデアに対して、「いや、Bがいい」と言われたとします。その人はBがいい理由がかならずあるはず。「Bがいいのはどうして？」と聞けば、さまざまな事情があることや、その人なりの立場がわかるはず。〝納得〟はできなくても、「そういうことですね」と相手の事情や立場に〝理解〟を示しましょう。

③　話の腰を折らない⇒「でも」「だって」「どうせ」のひと言をぐっとこらえよう

こちらの考えを批判されると、「でも……」と反論したくなるでしょう。「だって」と言い訳したくなることも、「どうせ」と投げやりになることも。しかし、この〝３Ｄ言葉〟で反撃すると、相手とやり合うことになります。最後まで冷静に話を聞きましょう。

④　共通する部分は同意⇒意見が合うところは「わかります」「同じです」を積極的に

相違点より共通点や類似点を見つけて、積極的に「わかります！」と同意して。たとえば「この人も真剣に考えている」と共感できると、寛大になって相手を受け入れやすくなります。異論、反論を貴重に思えるほど。意見が違う人がいるから、成長もできるのです。

相手の話をよく聞いたうえで、「ここは意見が違います」という点をハッキリさせましょう。すべて否定ではなく、部分的な違いを主張すれば、相手も受け入れやすくなるはずです。

65

正直にそのまま言えばいいというわけではありません

攻撃されにくい意見の言い方

「正直は大事」といっても、それは頭の中の考えを、そのまま言葉にすればいいというわけではありません。問題解決のために相手を納得させるには、〝相手〟の頭の中も想像しながら「どんなふうに話したら、理解、納得してもらえるのか」と、言葉を選ぶ必要があります。言い方次第で、相手の反応は、まったく変わるのです。つぎの**【自分の意見を言うときの鉄則】**を守れば、あまり緊張せずに意見しやすくなるはずです。

❶「私は〜」で意見しよう

たとえば、職場で「仕事のやり方を変えてほしい」と思ったとします。対立する意見を「あなたのやり方はおかしい」と〝あなた〟を主語にして話すと、相手は責められているように感じます。「私は、このやり方がいいと思うんです」と〝私〟を主語に。さらに「私たち、もっと早くできる方法があると思うんです」と〝私たち〟を主語にすると、「一緒に考えている」という仲間意識が芽生えます。

❷ 考えを言ったら、すぐに根拠を示そう

自分の意見を伝えたら、続けて「なぜなら、この方法だと半分の時間ですみますよ」など意見の根拠を伝えて。「えー？　そんなの嘘」とツッコまれないように、相手が納得する〝事実〟を集めることが大事です。

❸ 意見を言ったら問いかけよう

キリのいいところで「……と私は思うのですが、○○さんはどう思いますか？」と相手やまわりの人に尋ねてみましょう。聞く耳を示しながら伝えると、〝意見を戦わせる〟ではなく、〝コミュニケーション〟の空気になります。

❹ 反論は先に言っておこう

相手が納得できない理由、反論してきそうなポイントは予測できるもの。「〜って思われるかもしれませんが、それは〜なんです」と先に言っておくことで突っ込まれるのを回避できます。反論されるのが怖い人にはとくにおすすめ。年下から年上に言うときには「生意気って思われるかもしれませんが〜」、少数意見を言うときには、「大多数の人は〜って考えるかもしれませんが〜」などと応用して。

❺ 相手と共感できることを伝えよう

「仕事の連携はスムーズにしたいですよね」「もっとお客様に喜んでほしいですね」などお互いが思っている〝共通点〟や〝同じ目的〟を見つけたら積極的に歩み寄りましょう。きっとどこか同じ気持ちの部分があるはず。そこから、〝折り合いをつける〟というコミュニケーションが始まります。

意見を伝えるのは、戦うことではなく、解決のプロセス。だから、堂々と言いましょう。

66

問題解決のためには、〝共通〟の結論を出すこと

お互いが納得するための交渉術

「互いに意見を主張するけど、そのあとが進まない」ということがあるものです。共通の〝目的〟とお互いの〝違う点〟を確認したら、なるべくスピーディーに解決することが大事。だらだらと長期化させていると、仕事にも人間関係にも支障が出ます。といっても、焦って結論を出すのではなく、「問題をうまく解決する」を優先して。

夫婦問題から国際紛争にまで使える**「お互いが納得するための交渉術」**があります。そのステップは……、

1 「〜の方法は、どうですか？」と解決のアイデアを提案する

2 相手がそれに対する意見を述べたうえで、代替案を提案してもらう

3 自分の意見を伝えて、「では、この方法は？」とさらに代替案を提案する

……と双方が「自分のアイデアを伝えて、相手に意見してもらう」を繰り返すうちに、

歩み寄ってきて、どこかで「それでいきましょう！」という案が見つかるというもの。相手が積極的でなければ、自分のアイデアを「では、これはどう？」と提案し続けます。

たとえば、二人で同じ仕事を奪い合っているとします。

「じゃあ、交代でやるのはどうですか？」⇓「でも、私が作った資料を生かしたいし……」「では、○○さんがメインにやってください。私がサポートします」⇓「それならＯＫ」といった具合。交渉しているうちに、相手の「なにが譲れないのか」「どこまで譲れるのか」もわかってきます。お互いの意見を取り入れるには、「双方が少しずつ譲歩し合う妥協案」「双方の〝いいとこ取り〟を掛け合わせた折衷案」などがあります。

交渉事は、自分のトクだけを考えていては成り立ちません。お互い、いくらかソンをしても、いくらかはメリットがあるように考えたほうがいいでしょう。

「あなたのことも考えていますよ」という姿勢を見せれば、一方的に押しつけようとする相手の空気も和らぎます。場合にもよりますが、「自分のほうが少しだけ損をする」くらいの大きな気持ちでいると、すんなり落ち着き、その分の恩はあとでなにかしら返ってきます。「損して得取れ」の精神で。〝共通の目的〟を確認し合って、〝共通の結論〟を引き出すことにフォーカスしたら、問題が複雑化することも、人間関係がこじれることもありません。

ともかく、意見がぶつかったら、話し合うことをあきらめないでください。

67

〝目線〟を変えるだけで、あなたの話に説得力が宿る

「思っていることを伝えられない」がなくなる

仕事上のコミュニケーションの悩みで、もっとも多いのは、「思っていることを伝えられない」だといいます。具体的な理由は「上司や同僚に苦手意識がある」「否定されたくない」「伝えることが下手」「気持ちが曖昧」など、いろいろ。

これらは、一見、相手のことを優先しているようでいて、じつは「〝自分〟がどう思われるか？」がいちばん気になるのです。

ならば、それを「〝相手〟にわかってもらいたい」という視点に変えてみてはどうでしょう。

たとえば、朝礼でスピーチをするときも、「自分はヘンだと思われないか？」と考えたとたんに、緊張して話せなくなります。

でも、「どうしたらこの話を相手にわかってもらえるのか？」と考えて話せば、緊張を忘れて、相手が理解できる話の流れにしたり、言葉を選んだりすることに夢中になれます。

意見が違うときも同じです。「言いたいことを伝えなきゃ」と焦ってしまうと、言葉が出てきません。でも、「この人にわかってほしいから伝える！」と誠意を込めて話そうとすれば、背中が押されて、言葉に説得力が出てきます。

人とうまく話すコツは、「自分のことを必要以上に考えないこと」です。

「どう思われるか目線」ではなく、「わかってほしい目線」の言葉にするだけで、「伝えられない」という悩みは一挙に解決に向かいます。相手の心に響く言葉も、「YES」と言わせる言葉も生み出していけるのです。

まずは**「これだけは、わかってもらおう」で十分です。**伝えたいことを決めて、それだけを話すと、「どうして？」「じゃあ、どうする？」などと会話は続いていくのですから。

話しづらいときは、「言いにくいんですけど～」「怒られてしまうかもしれませんが～」といった**クッション言葉も、意外と効果があります。**相手も心の準備をして、ちゃんと話を聞こうという態勢になります。

「相手に言いたくても言えないこと」は、たいてい、重要なこと、言う必要のあることです。

言えない人は、嫌われることもありませんが、心を許せる信頼関係も築きにくいもの。自分のため、相手のために、小さな意見でも、少しずつ口に出していきましょう。

68 シンプルに伝えたほうが、相手の心に届く

「なにがいいたいか わからない」と言われないために

「で、結局、なにが言いたいの？」と言われた経験は、ほとんどの女子があるはずです。女子の多くは、仲良くなるためのおしゃべりは得意だけれど、頭の中を整理して、論理的に伝えるのは苦手。つい余計な情報を盛り込みすぎてしまうのです。

「なにが言いたいかわからない」と言われないためのポイントは、「短く、わかりやすく」がキホン。あれもこれもと話せば相手に伝わる、というわけではありません。逆に大事なことだけ、短く伝えたほうが、相手はすんなり理解しやすく、心に届くのです。

そして、**いちばん大事なのは、「自分が言いたいこと」ではなく、「相手がなにを聞きたいのか」を軸にして伝えること**。これは、相手の立場になれば、意外に簡単です。

たとえば、飲み会に遅れそうなとき、「急な仕事が入ってしまって、先方がどうしても今日中じゃないとダメだって言うんで、ほかに頼める人もいなくて……」なんて言ってい

ると、「で、どうするの？」と相手もイライラ。相手が聞きたいのは、「来るの？」「来るなら、どれくらい遅れるの？」ということ。「１時間ほど遅れます。急な仕事が入ったので、あとで合流します」でＯＫ。ほかの情報は、相手にとって二の次です。

また、女性は、そもそも「自分でもなにを伝えたいかが曖昧」ということが多いもの。自分の中できちんと整理できていない場合は、当然ですが相手には伝わりません。

たとえば、企画について話すとき、「最初にＡ案がいいと思ったんですけど、時間がかかりすぎるので、Ｂ案がいいということになって、でもこっちもコスト的に問題があって、云々……」と時系列で話そうとすると、なかなか結論が見えてきません。

「結論からいうと、Ｂ案です。なぜなら～」というように、**「結論（または、相手がいちばん知りたいこと）⇓理由⇓補足説明」の順で言うと、論理的な話し方になります**。

考えがまとまっていないときは、話す前に、箇条書きに整理するといいでしょう。要点を絞って伝えるクセをつけると、頭の中のごちゃごちゃした情報が整理されて、考え方そのものがシンプルになってきます。

「短く、わかりやすく」「最初に結論」、これらに気をつけるだけで、まわりから「できる人」と思われることは、間違いありません。

69 言葉ではなく感情に焦点を当てる

相手の気持ちを察するための心得

「コミュニケーションは苦手」という人が多いなか、「嫌いな人とも話せる」「自分を出しながら、うまく対応していける」といったコミュニケーションを得意とする人もいます。

そんな人たちは、天性の資質があるのではなく、仕事や生活の経験から「相手の気持ちを察する力」がついて、心地いい会話や人間関係を生み出せるようになったのでしょう。

とくに、営業や接客の仕事でその力が培われたという人は多いものですが、組織のデスクワークをしている人も、同僚、友人、家族、意見の違う人も、自分の「お客さん」と思ってみると、「察する力」がつき、接し方は変わってきます。自分の人生のなかでつき合う人は、「大切な客人」として、もてなそうではありませんか。

【相手の気持ちを察するための心得】としてつぎの2つを意識してみてください。

1 相手の立場になって考える

あたりまえのようで、意識しないと忘れがち。「相手の立場だったら、どう思う？」を考えてみましょう。たとえば、本音を言ったとき、笑ってくれる人もいれば、怒り出す人もいます。仕事のたいへんさに共感してくれる人もいれば、「私は大した仕事じゃないからわからない」と拗《す》ねる人もいるかもしれません。人の性質や立場によって、反応はさまざま。「この人の立場だったら、どう思う？」と少しだけ〝思いやる〟クセをつけてください。いい関係を築くためにも、自分の意見を言うためにも、相手を理解することは必須なのです。

２　感情に焦点を当てる

言葉だけでなく、話し方の抑揚、表情、目線、しぐさ、行動など非言語情報こそ、コミュニケーションの重要な情報。〝感情〟にフォーカスすると、口では別なことを言っていても、「かなり怒ってるな」「つまらなそうだな」「少しは興味がありそうだ」といった心情を読み取ることができます。相手の「感情」に意識を向けると、押したり引いたり……と、さりげなく対応ができて、〝心地よさ〟を提供できるのです。

ポイントは、相手に対する好き嫌いに振り回されないこと。それはさておいて、自分の目的のためにも、冷静に相手を観察、判断することが大事。

人の気持ちを完全に理解することはできませんが、理解しようとすることで、相手は「自分を大事にしてくれる」と感じます。それが、信頼関係につながっていくと思うのです。

70 とっさに言い返せなかったときは、あとで気持ちを伝えればいい

アタマにくるひと言で、言葉に詰まったときの対処法

ある友人（30代）は、年下の先輩女子から「〇〇さんって、この仕事向いていない」とイヤミを言われて、とっさのことでなにも言い返せなかったといいます。「私も一生懸命やってるのに」「あなたに言われたくない」などと、あとになって「ああ言ってやればよかった」と言葉が出てくる。だんだん悔しさがこみ上げてきて、涙してしまったとか。

このように、不意打ちの一撃だけでなく、皮肉を通り越した暴言を吐かれたときは、唖《あ》然《ぜん》としてしまうもの。相手は「思ったから、言っただけ」と何食わぬ顔をしていて、なにが起きたのかわかったときはもう手遅れということも。

ここでは、**【アタマにくるひと言で、言葉に詰まったときの対処法】**をご紹介します。

1 とっさに言い返せなかったときは、そのままでもいい

「売り言葉に買い言葉」でビシッと言ったら気分が晴れるでしょうか？　さらに人間関係が悪化して「あのとき、あ

んなことを言い返さなければ……」と後悔することに。スカッとは終わらないのです。「相手の悪意は相手の問題。言い返す必要はない」とスルーすればいいことです。

② とっさの暴言には、ぴしりと気持ちを伝えて

「でも、言われっぱなしなのもイヤ」「舐められると相手はつけ上がるだけ」ということもあります。そのときは、「そのひと言はなくてもいいかと思います」と率直に言いましょう。相手を非難するのではなく、〝そのひと言〟だけを非難すればいいのです。そのあとで、「これからも親密にいきましょう」「○○さんとはいい関係でいたいので」などとフォローすると、相手から「この人は敵ではないんだ」と思われて、その後の攻撃が弱まるはずです。

③ 言い返せなかったときは、あとで気持ちを伝えればいい

議論や口論のなかの暴言に反論できなかったときは、「いま頭が整理できていないので、あとで伝えます」でOK。落ち着いてから、「○○さんは～と思うかもしれないけど、私は～だ」「これだけは言わせて」などと、相手が受け入れやすいように伝えましょう。時間を置くと、相手も冷静になっているので、「言いすぎた」となるかもしれません。

友人の中には「暴言を吐かれたら、とりあえず失笑」「自分の意思で黙る」という人も。それぞれの対応がありますが、イヤな気持ちを引きずらないやり取りをすればいいのです。

ものが言えない
空気があるときの
対処法

71
同調空気は徐々に壊していくことが肝心

意見をぶつけ合う人がいるのは怖いことではなく、むしろ貴重なこと。それより、もっと怖いのは、議論を避けて意見を同じにしたがる〝同調圧力〟の空気があることです。

たとえば「あの人には逆らえないと、だれもが黙っている」「仕事は終わっているのに、周囲に合わせて帰れない」「意見が多数になると、反論できない雰囲気がある」など。どんな理不尽なものでも「それって、おかしくないですか？」とだれも言うことはできず、「みんながそうしているから」と同調する空気は社会のどこにでも見受けられます。

「協調性」と「同調圧力」は似て非なるもの。「同調圧力」は気持ちや感情を表明できず、見えない圧力にコントロールされている状況。空気を読みながら合わせているうちに、だんだん自分の本当の気持ちも感情もわからなくなってくるはずです。

【ものが言えない空気があるときの対処法】は、つぎの二つ。

1　コミュニケーションを増やしながら、意見する空気をつくる

個人が支配する同調空気は、徐々に意見を言って壊していくこと。たとえば、職場でお局が「この仕事は女子の役目」「ランチはみんな一緒に」など暗黙のルールをつくっている場合、逆らえない空気があるもの。これまでやっていたことをいきなり否定しては、相手も反発するでしょう。まずは、コミュニケーションの機会を増やしながら、そのなかで「こんな方法だと、こんなメリットがありますよ」など、小さなこと、改善できそうなことから、意見を言っていきましょう。

却下されてもダメ元と交渉しているうちに、何度かに1回くらいは「それもいいかもね」となるかもしれません。結果がダメでも「意見を言う空気」に慣らすことが肝心。

2　空気に気づかないフリをして、とりあえずやってみる

周囲に合わせて帰れない雰囲気があっても、あえてその空気を読まずに、一度「お先に失礼します」とやってみるといいでしょう。「長期休暇を取る」「ムダな作業を除く」など、前例がないけれどやってみたら風穴が開いて自由度が増したという例もあります。あえて空気を読まないで、「自分がどうしたいか」を基準に選択すれば、意外と簡単に解決するのです。

共感してくれる仲間をもつのも一つの方法。「私もそう思っていた」という人はどこかにいるはずです。女性が集まると、大きなパワーになるのですから、あきらめないで。

72

「言わなくてもわかってくれるだろう」は誤解のもと

思いを誤解されないコミュニケーションの取り方

自分はよかれと思ってやったことが「お節介だ」ととられていたり、サバサバと振る舞っていたら「人のことを考えない冷たい人だ」と思われたり、意見の違いを話し合ったつもりが「人の価値観を否定している」と思われたり……と誤解されることはあるものです。悪気はないのに、うっかり不愉快にさせているということが。

〝誤解〟は、相手がなにかしらネガティブに受け取って「誤った見方」をしてしまうこと。それを解決するには、コミュニケーションの回数を増やすしかありません。

「言わなくてもわかってくれるだろう」は誤解のもと。人間関係がうまくいかない原因のほとんどは「話をしていないこと」なのです。コミュニケーション不足は、お互いのムダなイラつきを生みます。

とくに、「自分を否定された」「上から目線で見られた」「大事にされていない」など、相手に対する思いが誤って受け取られていることは多いもの。話せば、「なんだ、思っていたことと、全然違った」と安心されることもあるのですから。

つぎの【思いを誤解されないコミュニケーションの取り方】をぜひ試してみてください。

1　相手の気持ちへの小さな「確認」を怠らない　話をするときは「これでいい？」「○○さんはどう思う？」など相手の気持ちを確認しながら進めること。行き違いがありそうなときも「〜でよかったよね」と確認すること。そうすれば、自分を気遣ってくれていると好意的に思われますし、小さな誤解も正すことができます。

2　「表情」と「言葉」に気をつける　誤解をされやすい人に思い当たるのは、笑顔が少ないこと。無表情でぶっきらぼうな言い方をする人にも、根はいい人がいるのですが。微笑みを意識して、丁寧な言い方をするだけで、印象はまるで違ってくるはずです。

3　「でも」「ただ」「しかし」のNGワードは避ける　「でも」で相手の話を引き継ぐクセのある人は、「否定している」と誤解されがち。別の意見を言うときも、「それもあるね。私はこう思うんだけどどう？」と、相手を肯定しながら、自分の意見を伝えて。

4　「ありがとう」「ごめんなさい」をちゃんと伝える　なにかしてもらったら「ありがとう」、なにかしてしまったら「ごめんなさい」を出し惜しみなく伝えれば、誤解はぐんと減ります。この二語を心がけるだけで、人と丁寧に関わっていく気持ちになるはずです。

73 板挟みになったときの対処法

気苦労を軽減させるコツ

板挟みの状態が続いているのは、しんどいものです。上司と部下との板挟み、会社と顧客との板挟み、ママ友の派閥間の板挟み、仕事と家庭との板挟みということも。それぞれが言いたいことを言ってきたり、悪口を言い合ったり、「あなた、どっちの味方なの？」と言われたりで、「もー、ここから逃げ出したい！」と思ったりします。そんな**【板挟みになったときの対処法】**をご紹介します。

1 〝板挟み〟はないことにして、きちんと自分の意見を伝える　意見を調整したり、うまく立ち回ったりすることはあまり考えず、普段から自分の意見を表明していきましょう。たとえば、同僚の間で意見が対立して、板挟みになったとします。目的は、人間関係ではなく、いい仕事をすること。板挟みは見ないフリをして、自分がいいと思った意見を伝えましょう。非難されるのが怖くて、「どっちでもいいです」などとあやふやなことを言っていると、板挟みが固定化されて、どちらからも不満をぶつけられる対象になります。「この人は、自分の意見をハッキリ言う人だ」と思われたほうがラク。多少ワガママに見られても、板挟みの気苦労が軽減され、生きやすくなるはずです。

②「ある程度、こじれてもしょうがない」と割り切る

深刻になりがちな板挟み状態ですが、けっして自分のせいだと思ってはいけません。ある程度の摩擦があるのはあたりまえだと割り切りましょう。上司と部下との板挟みになったときは、それぞれの話を聞いたうえで、解決しようとする姿勢を見せること。仕事の人間関係は〝体裁〟が大事。「ちゃんと意見を聞いて、解決しようとした」という体裁があれば、なんとか切り抜けられます。

③八方美人ではなく、「優先順位」を決める

会社と顧客との板挟みなら、顧客の言い分に理解を示しつつも、会社を優先して方向性を伝える。仕事と家庭との板挟みなら、「繁忙期は仕事優先」「家族が病気になったら家庭優先」など、場面ごとに、優先順位を決めておくと、ムダに悩まなくてすみます。

④優先順位が決められなかったら、どちらにもつかないという選択肢も

ママ友間の板挟みなど、自分の意見だけ伝えて、それぞれと距離を置いてつき合うのもありです。

板挟みはストレスにもなりますが、「あの人がクッションになってくれたから、人間関係が和らいだ」と言われることも。そんなしなやかな、明るい振る舞いを目指しましょう。

74

相手が喜んで応じてくれる0か100かではない頼み方

頼み上手になるための方法

「頼み事をするのが下手」という人はたいてい、気を遣いすぎてしまう人。「あの人も忙しそうだし」「押しつけたら悪いし」「頼んで断られたらイヤだし」と気を回しすぎてしまう。しかし、仕事や生活のなかで、かならず、だれかに手伝ってほしい場面は出てくるもの。ここでは、頼み下手な女子が、それほど気を遣わずに声をかけられるようになり、しかも相手が喜んで応じてくれる「0か100かではない頼み方」をご紹介します。頼み上手な女子の多くは、つぎのような**【頼み上手になるための方法】**を実践しているものです。

1 なぜ、〝あなた〟にお願いしているのかを伝える

「私を助けてよ」という強引な頼み方や、「だれでもいいんだけど」といった頼み方だと、相手はやる気が削がれます。「こういう資料作り、Aさんは本当に上手ですから」「Bさんの情報力が必要なんです」と相手の能力や人間性を高く買っている姿勢を示して。だれかの役に立ちたい、頼りにされた

いという思いはだれでももっています。「あなただから」「あなたを見込んで」と言われたら、「必要とされている」と感じて、時間がなくても、ひと肌脱いでもらえる可能性大。

❷ 相手に逃げ道を用意してあげる

そもそも頼み事をするときは、「引き受けてもらって当然」とは思わないこと。こちらの都合ですから、どんな立場でも押しつける言い方は禁物。引き受けてもらえるかを聞いたうえで、「全部がむずかしければ、言ってください」「時間が厳しければ、この部分だけでもお願いします」と、0か100かではない中間の頼み方をして。相手に判断してもらう余地を残すと、頼むのも頼まれるのもラク。相手は「押しつけられた」ではなく、「自分で選んだ」と主体的な気持ちになるはずです。

❸ 頼む「理由」と「内容」を明確に伝える

あたりまえのことですが、依頼する事柄が「なんのためにするのか？」の理由と、内容を丁寧に説明すること。せっかく受けてもらうのですから、非効率だったり、二度手間になったりしてトラブらないように。

❹ 頼み事は、OK後の「ありがとう」が肝心

頼み事をOKしたとたんに放置状態では、「もうやってあげない！」と思われることも。「OKしてくれたとき」「終わったとき」「その翌日」の最低3回は感謝を伝えて。場合によっては、やっている途中でも。「○○さんのおかげで～になりました」など成果も伝えましょう。相手に「役に立ってよかった」と一緒に喜んでもらえたら、また手伝ってもらえることもあるのですから。

75 相手を大切にする誠意を示せば、断るのは怖くない

反感を買うことなくNOを言う、上手な断り方

人の頼み事や誘いをうまく断れるようになると、人間関係はずっとラクになります。相手の押しに「断り切れない」という人は、「関係を壊したくない」と思っているものですが、無理して引き受けていると、反対にギクシャクしてきます。

断るときに必要なのは、〝誠意〟を示すこと。「あなたを大切にしています！」という気遣いさえ見せれば、印象は逆によくなります。素直に意思表示すること、できないことを明確にすることで、さらに信頼される関係に。断り下手な人も「お互いのため」と思うと、断ることができませんか？　〝誠意〟を見せてNOを言うための基本は、**「残念な気持ち」＋「できない理由をさらりと」＋「代案、または、ポジティブな言葉」**。

【上手に断るときの〝誠意〟の見せ方】を一つずつ説明しましょう。

誠意その1　残念な気持ちを示す

ハッキリ断るといっても、最初から「ムリ」「ダメ

です」「できません」などと否定されると、だれでも気分が悪くなるもの。「残念〜」「ごめんなさい！」といった相手を気遣う言葉から始めましょう。

誠意その②　できない理由をさらりと述べる

理由を言わないと「どうして？」と不信がられますが、詳しく言いすぎるのもワザとらしくなって「そこまでして断りたいの？」となることも。ランチ会や飲み会の誘いなら、「残念〜。先約があるんです」など、スケジュールや仕事、勉強、家族、健康など、相手も納得できる理由でさらりと。あまり誘ってほしくない場合は、何度も同じ理由は通用しないので、「いま、継続してやりたいことがあって」など長期的な理由を。

誠意その③　代案、またはポジティブな言葉

仕事の依頼はなかなか断りにくいもの。「今週はむずかしいですが、来週なら大丈夫です」と代案を提示したり、「1時間ならできますよ」と条件つきのOKにしたりすることで、0か100かではない中間の断り方に。最後に「またなにかあったら言って」、お誘いなら「楽しんできて！」など、ちょっとしたポジティブなひと言を添えるだけで印象は和らぎます。ただし、理不尽な要求や、強引な頼み事には、気遣いを控えめに。困った表情を見せつつ、真摯な態度で断りましょう。

毅然と「NO」が言える人は、格好よく、魅力的に映ります。断りたいから、断る。自分にも相手にも、イヤなことを断る自由があることを認めましょう。

76 「下げて、上げる」で聞いてもらえる苦言にする

女子に苦言を言うときの注意

〝苦言〟というのは、気をつけないと、人によっては「否定された」と受け取られることもあります。とくに、女子は女子に注意しにくい。「苦言を言ってイヤな思いをさせたくない」「悪者になって嫌われれば、自分がソンをする」と思う人も多いでしょう。

しかし、だれかが言うことが必要。言わなければ、まわりに迷惑がかかったり、相手はずっと同じ過ちを繰り返してしまう。「言わないやさしさ」は、人がよくなることや成長することを妨げます。「言うやさしさ」を選びましょう。それによって、「あの人が言ってくれたから、助かった」「あの言葉で成長できた」と思うことがあるかもしれません。

女子から女子への苦言は、受け入れやすい言い方が必要。苦言を言われたこと自体に嫌悪感をもつと、本来の目的がなくなります。**【聞いてもらえる苦言の呈し方】**とは……、

1 相手を下げて上げる

苦言を言うときは、言葉選びに慎重になりますが、それより

重要なのは「言う順番」。苦言で下げたあとは、ほめや期待、感謝で上げるのです。たとえば、最初にストレートに「優先順位のつけ方をよく考えて」と言ったあとは、「この前の仕事はすごく手際がよかったから、あなたにはできるはず」といった言葉で上げて。「いつも丁寧な企画書をありがとう。でも、時間配分も大事。それができたら完ぺき」と上げて、下げて、上げるといったサンドイッチ話法もあり。ポジティブな言葉で締めくくられると、「注意もされたけど、ほめられた。期待されているからがんばろう」という気持ちに。

②　ときには自己開示も織り交ぜる

女子が苦言を呈した場合、「そういうあなたは？」「すごい上から目線」とブーメランで返ってくることも。「私も慣れないときは、ここで間違ったのよ」「私も気づかないで失敗したから、あなたには同じようになってほしくないの」など、同じ目線で自分の弱みをさらけ出してくれた相手には警戒心が薄れて、「気をつけます」と素直になってくれるでしょう。

③　苦言を呈したあと、見守って声をかける

苦言を言いっぱなしではなく、相手の成長が見られたら、「お、よくなったね」「最近、〇〇さんがしっかりしてきたから、助かっている」など、声をかけてあげましょう。そこまで相手を思いやって言えれば、「あなたのために言っている」という気持ちは伝わります。

人は一人では生きられない。「まわりの人がよくなること」を大事にしていきましょう。

第6章

他人に振り回されずに生きていく

77 女性同士のカースト制度を生き抜くヒケツ(1)

勝つべき競争ではないと心得る

いまだに女子の家族形態の序列は「子持ち＞ＤＩＮＫｓ＞独身」と思い込んでいる人は多いもの。独身女子がいくら「私はリア充だから幸せ！」といっても、同窓会や親戚の集まりなどで〝社会的なみんなの目〟を感じざるをえない場面があるものです。

さらに子持ちはそのなかで「子どもの人数」「子どもの学校」「住んでいる場所」などで序列がある「ママカースト」があり、ほかにもマンションの高層階に住んでいる人が〝上〟という「マンションカースト」、収入や会社、雇用形態で決める「キャリアカースト」もあり。そんなところから、女子のなかで相手の住所、住まい、出身校、服装やバッグから相手を格付けする〝マウンティング〟が、日々行われているわけですね。

母親である友人は「子どもの部活動で、ママカーストの頂点は、３人の娘が同じ部にいるお母さん。彼女が絶対的な権力をもっていてやりたい放題」と怒りが収まらない様子。

独身女性で「成長したいとセレブなシングルグループに入ったら、ランチのレベルがまるで違う。なにかと自慢合戦で強烈な劣等感に見舞われた」なんて落ち込む人もいます。男性や、そこから距離を置く女子にとっては「くだらない」と思われるでしょうが、その中に入ると結構、深刻。自分が〝下〟だと思われると、仲間外れにされたり、舐められたり。また、〝上〟と認定されたら、それはそれで嫉妬の対象にもなりやすい。〝下〟の人たちにとっては共通の〝敵〟になるので、水面下の悪口もはびこるのです。

どうしてこうも女子は複雑怪奇な格付けをし合って、争いを生むのでしょう。

男性の格付けというと、非常に単純なもの。年齢、お金や権力の社会的な評価が上下関係になり、瞬時に立ち位置を決めて、逆に〝上下〟があることで安心してつき合います。

対して、**女の格付けは不明瞭で評価されづらい。そのことが女たちを不安にさせて、なにかと格付けをしたり、自分が優れているというアピールをしてしまうのかもしれません。**

といっても、もともと、女子は争いが嫌いで、大部分は平穏に生きていきたいと思っています。カーストの始まりは、本当は劣等感があるのに負けず嫌いで、なんらかの格付けで心を満たそうとする発起人がいて、それに同調する人もいる。で、「朱に交われば赤くなる」でカーストができ上がっていく……ということでしょうか。**「カーストは評価の〝一部〟で、そもそも競争なんてない」と思っておけば、気もラクになるはずです。**

78
女性同士のカースト制度を生き抜くヒケツ(2)

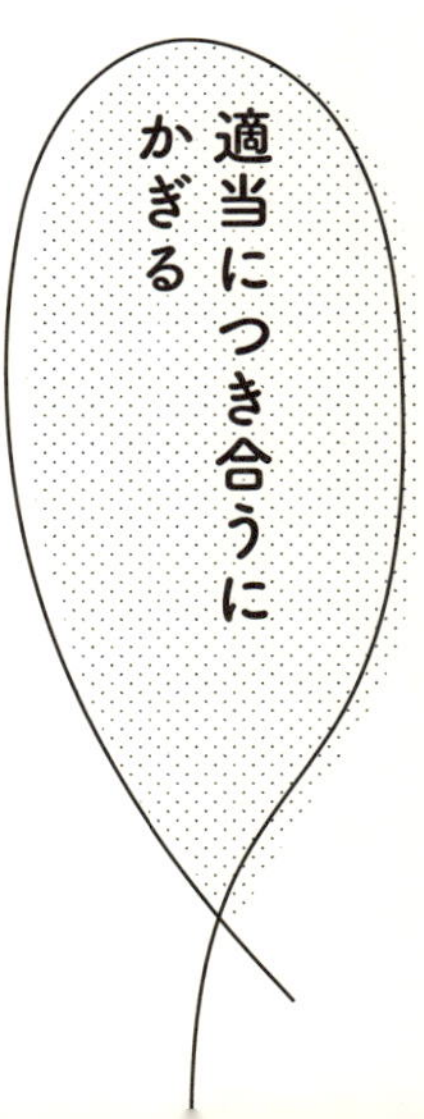

前項では、カースト制度ができる仕組みと、「ほとんどの女子は、カースト制度なんて望んでいない」ということを述べました。

ここでは、それにできるだけ巻き込まれずに生きていくヒケツをお伝えしましょう。

女子のカースト制度は、〝一部分〟で優劣をつける〝暗黙〟の争い。本来はなくてもいいものです。だから、「適当につき合う」にかぎります。そのポイントは……、

1　カーストは見えないフリをする　序列や派閥は〝暗黙〟のものなので、気にするほど身を滅ぼすことに。カーストのようなくだらない世界は、ないものとして、「自分は自分」で普通に振る舞いましょう。どんな人とも、対等な一個人としてつき合えば、だんだん相手もそれに合わせるようになるはずです。

2　自分の〝優〟の部分をあまり見せない　カーストのなかで「優れている」アピール

をすると、妬まれることが多いもの。「あなたが戦う相手じゃありませんよー」と戦う姿勢を見せないことです。

③ マウンティング女子たちの闇には向き合わない

格付けをする女子の心のなかは、不安と劣等感で渦巻いているもの。その闇とマトモに向き合おうとすると、張り合いや、愚痴、悪口のオンパレードで面倒なことになります。困ったマウンティング女子には「不安だから勝ち負けを確認したいのね」「彼女の心の闇の問題で、私の問題ではない」ととらえ、受け流すこと。挑発にはのらない、深い話はしない、悪口が出てきたら話題を変えるなど、一定の距離を置きましょう。

④ 自分にとって、いちばん大切なものをわかっておく

カーストは〝一部分〟の争い事。それでどれだけ負けても、自分にとって大事なものがわかっていれば、傷つくことはありません。「お金はなくても、自分には家族がいて仲がいいのが誇り」「彼氏はいないけれど、自分には大好きな仕事がある」「旅行や山登りなど、好きなことをやっているから、それで幸せ」など、それぞれの大切なものがあるはずです。

幸せは、まわりにキョロキョロ目を向けて決めるのではなく、自分自身で決めるもの。マウンティング女子に踊らされてはいけないのです。

79 敵意を向けられたら俯瞰してみよう

女子の敵意に巻き込まれない方法

相手に〝敵意〟を向けられたら、自分も〝敵意〟をもってしまう。〝好意〟を示されたら、こちらも〝好意〟をもつ。「相手は自分の鏡」といいますが、本当にそのとおり。

でも、相手に嫌な言動をとられたからといって、自分の敵意をつくり出しているのはだれでしょう？　そう、間違いなく自分。相手の敵意を受け取って自分の心を汚してはいけない。イヤなギフトは、受け取りを拒否する必要があるのです。

【女子の敵意に巻き込まれない方法】には、「メタ認知」を用いてみましょう。「メタ認知」とは心理学用語で、自分の感情や思考を客観的にとらえて、コントロールすること。たとえるなら、もう一人の自分がいて、物事や自分のことを俯瞰してみる状態です。

1　自分のことを俯瞰して、「そこは考えなくてもいい」とストップをかける　相手に敵意を向けられたときは、反撃したり、シュンとなったりするものですが、どちらの反応であっても、相手の敵意はエスカレートするのです。暴力や暴言ではないのなら、放っておくのがいちばん。そのときの自分の心の状態を「いま、かなり怒っている」「あの人の、あの部分がイヤなのだ」などと冷静に判断して、「相手に敵意をもっても、いいことはなに一つない」と言い聞かせましょう。また、疲れているとき、不満がたまっているときは、相手の挑発にのりやすくなります。「家のことで不安を抱えていたのも、イライラの要因かも」など、総合的に判断して、自分を労ってあげましょう。

２　相手のことも俯瞰して、労いの言葉をかける

敵意を向けられると、相手を主観的に見てしまうものですが、視点をそらして第三者のように俯瞰してください。そうすると、「あの人も不安なんだろうな」「あんな態度をとるのは、いろいろ事情があるんだろう」と相手が〝気の毒な人〟だとわかるはずです。冷静なときに「疲れてない？」「出張、たいへんだったでしょう」など労いの言葉をかけて。それが自分の身を守ることになります。

３　いまの状況を俯瞰して、「プラスの部分」に目を向ける

「なんであの人はイヤミを言うの？」など人間関係に不満があるときは、そこにばかり目が向いているもの。「なかにはわかってくれる人もいる」「恵まれた環境で働かせてもらっている」など目を向けるべきものはたくさんあります。心が毒されそうになっているのは、正当な評価ができていないから。木に水遣《や》りをするように、自分の心にうるおいを与え続けていきましょう。

80

スルーではなく、スルッとその場を切り抜ける

〝力〟ではなく〝知恵〟と〝やさしさ〟で勝負する

「戦わずして勝つ」の女城主が戦国の世を生き抜いていく大河ドラマを、痛快な気持ちで観ていました。これぞ、一つの見本になる女のしなやかな生きざまなのではと。

彼女は人々が平和に生きていくために、どんな手段を使ってでも、徹底的に戦いを避けます。負けることも、逃げることも、人を欺くことも、敵に花をもたせることも厭いません。勝ち負けはまったく関係なくて、とにかく「自分の目指す方向に事を進めること」が最優先。結果、敵と思われていた相手が味方になって助けてくれたり、手のひらで転がされたりします。その**【戦いを避けるためのポイント】**となるのは、〝力〟や〝優劣〟ではなく、〝知恵〟と〝やさしさ〟で対処していくことです。

1 〝知恵〟をもって、スルーではなく、スルッとその場をかわす　対立は、第1章でふれたように「自分が正解。相手が間違っている！」と思ったときに起こるものですが、

それはもういいではありませんか。最善の方向に駒を進めることを第一に考えましょう。

その場、その場で、さまざまな手段があります。「ここは、適当に受け流せばいい」「ここは、意見を言うところ」「相手に譲るところ」「時間を置けばいい」など、相手の気持ちや出方を読んで、臨機応変に選択肢を見つけましょう。ただし、相手に舐められたり、理不尽な要求をされたときは、怒りを見せるのも大事な一手。感情表現も女子の立派な武器です。相手を否定するのではなく、〝その場〟だけをスルっと切り抜ければいいのです。

②〝やさしさ〟をもって、自分だけが勝とうとしない

結局のところ、自分を守ってくれるいちばん効果的な武器は、〝やさしさ〟。相手の言葉で傷つけられたり、迷惑な行為をされたりしても、こちらが敵意をもって戦っては、相手の思うツボです。

普段から相手の立場になって話を聞く、相手の喜ぶことを考える、親切にする、労いや感謝の言葉をかける、失敗を大目に見るなど、やさしさを提供するのです。そうすれば、いつかだれかがあなたに同じことをしてくれます。

あたたかい太陽が氷を溶かすように、やさしさは人の敵意を溶かして蒸発させてくれます。もし氷が溶けなかったとしても、それはそれとして対処していけばいいだけです。

〝力〟ではなく、〝知恵〟と〝やさしさ〟の生き方をしている人のほうがカッコよくて、あたたかくて魅力的。あなたもそんな女性を目指しませんか？

恐れられているお局やママ友への対処法

81

雌ボスが生まれるのは、必要悪なのか？

女性が多いところには、お局やボスママなどお決まりのように雌ボス的な存在がいるものです。私も、職場で雌ボスからいじめのターゲットにされたことがあります。恨みを買うことはしていないのに、無視や仲間外れ、仕事を教えない、根も葉もない悪口を言われるなど、なぜか執拗《しつよう》に敵視されます。

思い返すと、雌ボスは、小学校のクラスにも、女ばかりの部活動やアルバイト先にも、なぜかいましたっけ。一対一でつき合うと、意外にいい人であることも多く、本人たちに言わせれば、「だれも言わないから、若いコに指導してあげてるのよ」「私がいなきゃ、まとまらないでしょ」などの集団を率いる理由もある。女子のなかで、力をもった雌ボスが出てくるのは当然で、〝必要悪〟だという論理もあります。

しかし、経験上思うのは、**雌ボスが生まれるのは、ある二つの条件が重なったときです。**

それは「雌ボスのパーソナリティに問題があること」と「閉鎖的な環境であること」。

この二つの雌ボスが生まれる条件をふまえると、対処の仕方も見えてきます。

まず、一つ目。雌ボスになる人というのは、頭がよくて美人といった、いわゆる優等生タイプではありません。本当は劣等感のかたまりで寂しがり屋。みんなから認められない存在になるのが、怖くてたまらない人です。**攻撃は「私を見てほしいのー！」という遠吠えと考えて、ときどきほめたり、感謝を伝えたりして、安心させてあげましょう。**「〇〇さんにしか頼めないから」など、相手のプライドを利用する手もあります。

ただし一定の距離をとりながら、ときどき自分の意見をハッキリ伝えていくことも大事。雌ボスは自分を認めてくれる人をかわいがる、わかりやすい性質でもありますからためらわず。

つぎに、二つ目。雌ボスが横柄になっていくのは、閉ざされた人間関係だからです。グループに男性が入ることで、緩和されることもあります。また、職場であれば、仕事の「見える化」を図ること、業務改善のフリートークの場を設けること、上司に相談すること、話ができる相手を見つけることなど、**オープンにしていくことで解決の道も開かれます。**

なにより自分自身があまり気にせず、外の世界に目を向けることかもしれません。

82

相手の挑発にのったら負け

女子の人間関係トラブルのほとんどは、「相手と同じ土俵で戦うこと」で起こります。

できることなら、戦いは避けて平穏に暮らしたいものですが、ライバル視してくる女子はどこにでもいます。「へー、ハワイに行ったの？　私なんか何度も行って飽きちゃったけど」となにかと自分と比べたり、「子どもはいいわよ〜。あなたも早く産まなきゃ」と上から目線で言ったり、人がほめられると不満そうにしていたり……。

友人の一人は、そんなライバル視してくる女子に、あっさり「おっ、上から目線だね」「なにドヤ顔で言ってんの」と返したり、フフッと鼻で勝ち誇ったような笑みを浮かべたりします。けっして負けない毅然とした姿勢はあっぱれです。まぁ、そんなことができれば一矢報いられるのでしょうが、ほとんどの女子は、ライバルの〝視線〟に、秘かにイラついたり、オロオロしたり、おびえたりしているのではないかと思います。

なにかとライバル視されたときの対処法

【なにかとライバル視されたときの対処法】は３つ。基本は、「その視線をどうかわすか」。目と目を合わせて挑発にのったら負け。相手の闇を引き受けてはいけないのです。

① ライバルの視線をかわす⇓「人と比べるのは、その人の心の問題」と割り切る

ライバル視はコンプレックスの表れで、優位に立たないと不安だから。「その人の心の問題」と割り切りましょう。関心がないことを示したり、「すごいね～」と下手《したて》に出たりするのもありですが、おすすめは、ライバル視されやすい部分とは違う点をほめてあげること。たとえば、いつも仕事でライバル視してくる人には「○○さんの服のセンスが好き」と美意識をほめる、彼氏自慢でライバル視する人には、仕事の成果を認めるといった具合。ほかの点でライバルでないことがわかれば、相手のキツい視線も弱まります。

② 視線を自分自身に向ける⇓相手の嫉妬をモチベーションに変えて自分を高める

ライバル視や嫉妬は一つの〝称賛〟。相手は優れていると脅威に感じているのですから、イライラやオロオロで終わるのはもったいない。嫉妬されることを励みにしたり、嫉妬深い女性が絶対に追いつけない領域にまで自分を高めようと励みに利用するのもあり。

③ 視線を大きなところに向ける⇓生活や人生で「必要なこと」だけをチョイスする

もしあなたが明日までの命ならこんなことで悩むでしょうか。もし大きな夢を叶えたいなら？　ライバル視につき合っている時間とエネルギーはムダと思えてくるはずです。

83

相手のイライラ周波数に合わせてはいけません

他人のイライラに巻き込まれない方法

職場で近くに、怒りっぽい上司やイライラ女子がいるのは、しんどいもの。自分は、明るく、楽しく仕事をしようと思っていても、相手のイライラモードに巻き込まれて、こちらまでイライラ。八つ当たりなどされたら、つい攻撃的な言い方で返してしまうことも。

そんな**【イライラに巻き込まれない方法】**は、つぎの二つしかありません。

① まずはポジティブなアンテナを張り、イライラをキャッチしない（思考を変える）

かつてイライラ上司に巻き込まれて、私がイライラしているときに、平然としている女性同僚がいました。その人が言っていたのは、「嵐が来てるって思えばいい」。

たしかにやまない嵐はない。彼女はよく笑う人で、「今日は、あじさいが満開だったの」「煮物のおいしいつくり方がわかった」など、日常の小さな喜びや楽しみをとても大切にしている人でした。いつもポジティブなことにアンテナを立てていたから、他人のイライラはキャッチしなかったのでしょう。巻き込まれるのは、相手と同じ周波数に合わせてしまうのですね。

近くにイライラしている人がいたら、透明傘でバリアを張っていることをイメージしてください。他人が勝手に巻き起こす嵐から、自分の身を守ろうではありませんか。

②　つぎに、困っている相手には、労いのひと言を（反応を変える）

イライラしている相手に、ツンケンしたり、無視したりと敵対視する態度をとっていたら、いつも同じようなパターンで感情が反応している証拠。

その反応パターンを変えるには、相手を「たいへん困っている、気の毒な人」という設定にしてください。イライラしている人もツラいのです。心が傷ついていることはたしか。そんな人に必要なのは、敵視した反応ではなく、お見舞いや労い、安心させてあげる言葉。嵐が去って、相手が冷静になったときに、「○○さんも顧客からいろいろ言われて、辛いですよね」「私もサポートしますから、心配しないでくださいね」「今日はゆっくり寝てくださいね」など肯定的な、労いの言葉をかけてみましょう。そうすると、間違いなく相手のイライラは減ってきます。「イライラしててごめんね」などと謝ってきたりします。

私もイライラ上司・同僚のおかげで、人間関係にずいぶん自信がつきました。嵐を巻き起こす人は迷惑なものですが、懐に入ってしまうと、結構、やさしい面もあるのですよ。

84

イライラはたまる前に、小出しにしましょう

小さなことでイライラする人が自分を立て直す方法

女性というのは、いつも会社のため、子どもや親や夫のため、困っている人のためと動いていて、気が付けば、「一日中、自分の都合で動ける時間がない！」という状態のことがあるもの。そのため、小さなことでイライラしたり、怒りっぽくなったりすることも。

男性はよく「女って、小さなことで突然、怒り出す」などと言いますが、「小さなこと」だけが原因ではなく、女はいろいろと外には出さない感情がある。その〝イライラ貯金〟が積もって、ある日、満額になったときに感情が爆発してしまうのですね。でも、感情的になったところで相手の理解は得られないし、そもそも自分の精神衛生上よくありません。

【小さなことでイライラする人が自分を立て直す方法】をご紹介します。

1　イライラの原因をわかっておきましょう

「なんとなくイライラ」という人は、イライラの原因をハッキリわかっていないものです。自分の親友になったように、その感情

を見逃さず、客観的に理解してあげること。たとえば、「ちょっと待って。いま仕事を抱えすぎてイラついてるよ」「家族のことで不安があるんだよね」というように。そうすれば、「じゃあ、～しよう」「それは考えても仕方がない」と早めに手を打つことができます。

❷　不満は小出しにしていきましょう

不満や不安は、もっていると毒になります。早い段階で少しずつ小出しにしていけば、いくらか気持ちの余裕ができる。相手への不満も「私は～してほしいんだけど、どうかな？」と穏やかに話し合えるし、どうしようもないことは、友人などに「イヤになっちゃうけど、がんばる」と前向きにグチれるはず。

❸　人を待つ時間を、自分の時間にしてしまいましょう

人に期待しながら「待つ」という姿勢はイライラのもと。たとえば、大事な仕事の連絡がこない、ＬＩＮＥが既読になっているのに返事がない、夫の帰宅が遅いなど。人の都合を待てる女性は、「ちょうどよかった。～しよう」と待つ時間を積極的に自分の時間にしています。だから、「いろいろ事情があるんでしょう」と人にやさしくなれる。待てる女性は大らかで寛容に見えます。

❹　ひとりの時間をもちましょう

「イライラする自分を変えよう」なんて思わないでください。「本来のやさしい自分を取り戻そう」とすることが大事。そのために必要なのは、1日30分でもひとりの時間をもつこと。ぼーっとするのもよし、自分をケアするのも、作戦を練るのもよし。自分を大事にすることが、人を大事にすることにつながるのです。

85

年下女子には、〝鈍感力〟を身につける

年下女子のトリセツ

基本的に、年下女子は目障りな存在になりがちです。

なぜなら、つい自分と比較してしまうから。まわりの年上女性の声を聞いてみると、「私たちの時代は先輩に絶対服従だったのに、いまのコはハッキリ〝NO〟を言うのよ」「仕事はできないのに、プライドだけは高くて打たれ弱いから、注意もできない」……。

年下女子の粗探しをしてイライラしたり、いいところに嫉妬したりするのは、年上女性の性《さが》。しかも、年下女子は、自分より〝若い〟というだけで、自分よりかわいがられ、自分を脅かす存在。つい粗探しや嫉妬をして、自分で自分をイライラさせてしまうのです。

年下女子とつき合うコツは、つぎのように「鈍感力」と「素直になること」です。

1 鈍感力を身につけて、あたたかく見守ろう

年下女子に対する「私たちの時代は……」というジェネレーションギャップはどこでも聞かれるものですが、そんな人も自分

が若いときは年上から言われてきたのです。自分がその年齢のときは、別の部分ではもっとひどかったかもしれません。自分との比較には、意味がないのです。「まぁ、そんなもんかもね」といちいち細かいことを気にしないこと。ただし、「我関せず」ではなく、相手にとって必要なところは、「この点は気をつけてね」などと同じ目線で教えてあげましょう。年上女性なら、あたたかく見守ることもできるはず。

② 年下にも素直になって「すごい」「教えて」と言おう

年下に対しては、悪いところに目が行きがちですが、すばらしいところもたくさんあります。それを素直に「すごいね」と言ってあげると、相手が喜ぶだけでなく、自分も嫉妬から解放されます。たとえば、スマホのアプリについて詳しい女子には、「それ、知らない。私にも教えて」と言うと、得意になって教えてくれます。自分をサポートしてくれるありがたい存在にもなるのです。

年下女子にとって、年上女性から「認めてもらえる」というのはなにより心強く、安心できること。いい点はほめたり、見守りながら手助けすることで、信頼できる関係に。

また、自分たちに比べて、年下女子のコミュニケーション力が低いのは当然だと考慮する必要があるかもしれません。期待する反応でなかったとしても失望せず、ときどき声をかけたり、丁寧に説明したりすることで、そのギャップを埋めていきましょう。

「懐が深くて、あたたかくて、信頼できる先輩」を目指そうではありませんか。

86

上司と部下の違いは、〝上下〟ではなく、〝役割〟の違いと認識するべし

年下上司、年上部下とのつき合い方

中途採用や派遣社員の増加、能力主義が増えてきたこともあり、年下女子が上司になったり、反対に、年上女子が部下になったりする、ねじれ現象が増えてきました。

私はどちらも経験がありますが、結構、気を遣うもの。とくに自分が上司で、年上の女子が部下になった場合は注意するのにも悩みます。たとえば、年下部下が遅刻してきたら、「時間厳守！」とあっさり言えるけれど、年上だと相手のプライドを傷つけない言い方をせねばと構えてしまいます。年下と年上の扱いが違ってしまうのは、当然のことでしょう。

基本的にわかっておくべきは、上司と部下の違いは、〝上下〟ではなく、〝役割〟の違いだということ。仕事を離れて別の場所に行ったら、立場が逆転するかもしれません。

それが「自分は上司だから〝上〟」「年上だから〝上〟」と思ってしまうと、それぞれ横柄な態度になったり、「なんであの人にあんなことを言われなきゃいけないの！」とトラ

ブルになるのです。どこかで**「自分は自分のために仕事をしているんだから、しょうがない」と割り切ることも必要。**そんな年上部下、年下上司とのつき合い方は……、

【年上部下とのつき合い方】

年上女性が部下になった場合は、上司風を吹かせずに、いっそ「至らないことがあるんで、助けてくださいね」と頼ってしまいましょう。もちろん、敬語は必須。相手が間違えたら、「もう一度、確認してもらえますか？」と自分で気づいてもらうようにしたり、注意するときは、「○○さんには、みんなの見本になってほしいので」と期待を込めたりして、相手を立てる姿勢を見せることが大事。日ごろから「○○さんのおかげで助かってます」と感謝を示したり、自分が間違ったら素直に謝ったりすることも。

仕事以外の部分で「～ができるなんて、尊敬します」「今度～について教えてください」など〝年上〟としてリスペクトを示していると、相手のプライドは保たれるはずです。

【年下上司とのつき合い方】

女性同士であれば年下上司の欠点が目について手厳しくなるものですが、こちらは〝年上〟なのですから大目に見てあげましょう。すぐに批判をするのではなく、距離を置いて見守り育てる感覚で。「困ったら、なんでも言ってください」と頼りになる部下として振る舞い、ときには「無理しないで」「～したらどうですか？」と母のようなアドバイスを。

87 同級生とのつき合いは、相手の世界を尊重して距離感を間違わない

同級生女子のトリセツ

先日、30代前半の女子と話をしていたら、こんなことを言っていました。

「いま私は結婚もしてなくて仕事も中途半端。自信がないから同窓会は行きたくないです」

そういうことって、だれでもあるもの。私もそうでした。同級生って、スタート地点が一緒だから、比較もフェア。しかも、女子同士。「あの人は〜なのに、それに比べて私は……」とついつい比べると、会うのもSNSを見るのも、避けてしまいがちになります。

でも、それから10年もすると、一周回ってまた家族や仕事とは離れた同級生としての存在になる。「お互いよくがんばってきたね」と称えて一緒に集う友人になるものです。

職場での同期も、最初はやたらとライバル視しているけど、10年も経てば、それぞれのポジションができて、情報を交換し合ったり、協力し合ったりする仲になります。

なぜなら、同じ年って、いちばん理解し合えて、いちばん気を遣わない存在ですから。

そんな同級生女子とのつき合い方は、**安易に比べないで、自分とは〝違う部分〟を認めることです。「相手の世界を尊重して、距離感を間違ってはいけない」のです。**

同級生や同期であれば、同じ学校に通ったり、同じ状態で仕事を始めたりと、〝同じこと〟が多いため、内心、自分と同じ立ち位置であってほしいと思うもの。しかし、女子は、結婚や子育て、仕事の取り組み方など、目まぐるしく状況が変わっていくのでだれ一人として同じ立ち位置の人はいません。それぞれの世界を生きています。

結婚で「自分より先を行っている」と思う相手も、仕事では「後れをとった」と思っているかもしれません。

また同級生とは上下関係がないため、気を遣わずに心を開きやすいものですが、距離感は大事。「子どもがいちばんよ。うちの子ね……」などと自分の話ばかりしたり、「なんのかんの言ってもお金は大事よね～」と自分の価値観を押しつけては、溝ができてきます。

相手には相手の世界があることを尊重しながら、共感できるところは共感し、距離を置いたほうがいいところは距離を置くなど、ストレスなくつき合える距離感を見つけましょう。

まぁ、あまり無理をしなくても、気の合う同級生とは続いていくし、合わない人とは疎遠になっていきます。合う部分でつき合っていけば、それでいいと思うのです。

88 すぐに忘れる「代謝のいい人」を目指そう

引きずりやすい人の正しい気持ちの切り替え方

人間関係のいざこざや、失敗したことなど、悶々と考えて「引きずってしまう」という人は多いもの。とくに、「あの人はひどい」「人をバカにして」といった、人への小さな恨みの岩は、山のようにどんどん大きくなって、それが自分を疲れさせてしまう……。

しかし、「泣いた烏《からす》がもう笑った」というように、さほど引きずらない女子もいます。彼女たちは、心が屈強なのではなく、きっと心が〝やわらかい〟のです。「イヤな感情のままでいるのはイヤ」と思ったら、意識的か、無意識なのか「この感情は要らない」「こっちの感情のほうがいい」と感情の仕分け作業をやっています。そんな心のクセづけをすることはだれでも可能なのです。**【引きずりやすい人の正しい気持ちの切り替え方】**とは……、

1 「ま、いっか」で前向きに考える　嫌なことを一瞬で忘れるのは、感情をもつ人間にとっては至難の業《わざ》。嫌な気持ちを真っ新《さら》にしようとするのではなく、「ま、いっか」と

それはそれとして認めて〝わだかまり〟を手放すのです。たとえば、同僚女子にイヤミを言われたら、「ま、いっか。そういうこともある」、失敗したら「ま、いっか。つぎはもっとうまくできるだろう」というように。心のモヤモヤを、前に進むエネルギーに変えたら、人への恨みや後悔も薄れていくはずです。

②　人に聞いてもらって、心を落ち着かせる

ある女性管理職は、イヤなことが重なったときは、夫に「返事はしなくていい。ただ私の話を聞いてくれ」と言って、時間を決めて話すとか。また、ある女性社長は、十数年前、借金取りから追われて最悪のことを考えていたときに、「たった一人の女性が話を聞いてくれたから救われた」と言っています。

話をすることで、心は癒され、客観的に現実を見つめて進むことができるのです。

③　心をやるべきことや楽しいことでいっぱいにする

引きずってしまうのは、たいてい、心に隙間があるとき。会社でイヤなことがあっても、子育てで気持ちを切り替えたり、「週末は旅行だ～」など、心を楽しいことでいっぱいにしていたら、イヤな感情は入ってきにくいもの。98歳まで明るく生きた女性作家は「私が朝から晩まで考えていることは、すべてのことを案出すること」と言っています。〝案出〟とは工夫して考え出すこと。味噌汁、米の炊き方、漬物のつけ方など独自の方法を考えて生活していれば、怒ったり悲しんだりする暇はないと。そんな前へ前へと進んでいく、代謝のいい人を目指したいものです。

89

どんな人も広い意味での〝味方〟と考えると、人が怖くなくなる

嫌われたくないから気を遣いすぎる人がラクになる方法

テレビに、ある女性大作家（90代）と66歳年下の女性秘書が出ていました。この秘書の方、大作家に対して「そもそも先生は準備を始めるのが遅い！」と、容赦なく毒を吐く。日ごろ言い合いをすることもしばしばで、最初は周囲がハラハラしながら見ていたといいます。しかし、大作家は「彼女にはなぜか腹が立たない。一緒にいると笑ってばかり」などとうれしそうにおっしゃる……。

女性秘書に大作家についてどう思っているか尋ねると、「先生は私の最大の味方！」。

私は「最大の味方」という言葉に感動すると同時に、そう思っていれば、どんな人も怖がらずに、相手のことを大事にできるのだろうと深く納得したのでした。

「嫌われたくない」と気を遣いすぎると、言いたいことも言えず、だんだん疲れていく。

そして、人間関係がうまくいかないと、「あの人はどうしてああなのか」と人を責めてし

まう。〝心の疲れ〟と〝相手への嫌悪感〟は比例して大きくなっていきます。相手はどうやっても変わりません。**これを解決するカギは、〝やさしさ〟なのだと思います。「相手がどうなのか」よりも、「自分がやさしくありたい」という気持ちに、フォーカスすると、人づき合いは劇的にラクになります。**日ごろ尊敬や感謝、労いや励ましの言葉をかけたり、手助けしたりしていれば、言いたいことも気軽に言える関係になるのです。

もちろん、私たちのまわりには、どうしても〝味方〟とは思えないような人もたくさんいます。それでも、〝味方〟だと思ったほうがいい。なぜなら、その人が自分の人生に、〝なにか〟を教えてくれて、影響を与えていることは間違いないのですから。

〝味方〟と思えないときは、〝自分商店〟にやってきた〝客人〟と考えてはどうでしょう。面倒な相手も「そんなお客さんが来ましたか」と、やさしさでもてなす。たとえその客に嫌われたとしても、ほかの客は見ています。商店の信頼に傷がつくことはありません。

先の作家は、「やさしさは、その人の値打ちだと思う。それが彼女の最高の魅力」というような深い言葉を残していました。女性にとって、いちばんの武器はやさしさ。「喜ばせたい」「楽しませたい」「悲しませたくない」「守りたい」……右手には〝人へのやさしさ〟、左手には〝自分らしさ（自分へのやさしさ）〟をもって歩いていく。そんな女性は無敵なのです。

第7章

「自分は自分、人は人」で生き抜く

90 自分の軸をしっかりもてば、人間関係は安定する

女子の中で「自分は自分」で生きるヒケツ

「『自分は自分、人は人』で生きたいけれど、なかなかそうはできない」という声は、社会全体で渦巻いている悲鳴のような気がします。「つねに人と関わっているから振り回される」「まわりの目はやっぱり気になる」という人がいるのは当然のことかもしれません。

それでも、「自分は自分」という軸をしっかりともってほしいのです。

「自分は自分」であれば、優劣のつけ合いや、人と戦うことなど、自分にまとわりつく悩みから自由になって、人間関係は驚くほど安定していくのですから。

そのためには、**「自分に自信をもつこと」から始めてください。**といっても、「人よりも優れたものをもつこと」ではありません。そんな自信のつけ方では、いつまで経っても自信満々な自分にはなれないでしょう。ちっちゃな世界で、優劣を競い合うだけです。

もっと大事なのは、「自分で選んだ人生を生きる」ということ。「私は好きな仕事を極め

たい」「自然に囲まれた暮らしをしたい」「親の介護をやり遂げたい」など、〝自分で決めた道〟を歩こうとすることです。人には「仕事もするけど、子育てもする」「子育てが終わったら、会社をつくる」など、それぞれ独自の道があるもの。たとえ流されてそうなったことでも「自分でそれを選んだ」と自覚するのと、「人のせいでそうなった」と思うのでは雲泥の差があります。いまが不本意な状態であったにしても、すべては自分で選んでいること。現実をしっかりと見つめて立て直すことで自信にもできるのです。

本当の意味で誇りをもっている人は、人間関係も「自分は自分、人は人」の線引きができていて自然体。自分の言いたいことはハッキリと言い、価値観や意見の違う人とも協力して信頼関係をつくっていく。いつも前を向いていて、さっぱりして、あたたかくて魅力がある……という人ではないでしょうか。

「人は人、自分は自分」というのは、「自分さえよければいい」と人に無関心なのではありません。**「人が支えてくれるから、自分の道を歩いていける」**という事実がわかっていれば、感謝できることに目を向け、まわりの人にもやさしくなれるはずです。

そして、つまるところは、「人を喜ばせることが、自分の幸せになる」と心から理解すれば、人と関わることにも積極的になれるでしょう。

だれでも自分の軸をもつことで、人間関係を〝味方〟にしていくことができるのです。

91

「人にどう思われるか」より、「自分がどうしたいか」

劇的に人間関係が変わるクセ

正直にいうと、30代の半ばまで、私は「みんなから認められたい」「みんなから好かれたい」という気持ちに、それはもう意識しないほど縛られていました。

だから、就職のときは、みんなから認められるような会社を選びました。が、その職種が合わずに半年で退職。どこで働いても、みんなから好かれようと八方美人になってヘトヘト。そんな自分がほとほとイヤになって、あるとき開き直ったのです。「だれかが自分を幸せにしてくれるわけではない。自分の幸せに責任があるのは自分だけだ」と。

それから、大きな迷惑にならない範囲で、やりたいことをやり、言いたいことを言ってきましたが、不思議と人間関係は劇的によくなっていきました。まわりも「この人は、そういう人なんだ」と扱ってくれるので、自分を抑えることなく、気軽につき合えるのです。

「人の目」や「人の声」は、振り回されるものではなく、ありがたく、〝利用〟させてもらうもの。人から向けられる目、人の言葉は、自分を傷つけるものにもなりますが、自分を成長させたり、自分を励ましたりしてくれるものにもなるのです。

つぎの二つを意識すると、劇的に人間関係が変わり、人生も好転していきます。

●「人にどう思われるか」より、「自分がどうしたいか」を最優先にする

●「人の声」から自分に必要な情報だけを厳選して、要らない情報は捨てる

まわりの目や言葉で心が揺れそうになっても、「自分がどうしたいか」に立ち返って考えると、心の軸をリカバリーできます。人からなにか言われて、心変わりするようなら、それだけのものだったのでしょう。自分の選択に自信がもてると、「みんなに認められなくても、好かれなくても、しょうがない」という気持ちになれるものです。

そのうえで、自分に必要な情報だけを選んで、あとは捨てることが大事。自分が成長するため、目的を叶えるための情報のみに厳選しましょう。昨今は、インターネットやSNSでいろいろな意見を目にすることもありますが、鵜呑《うの》みにしてはいけません。あるときは距離を置いたり、あるときは参考にしたりして、情報を整理してください。

「社会のものさし」も、「他人のものさし」も、生きていく上では必要不可欠なものですが、その前に「自分のものさし」をもっているかどうかが、いちばん大事なのです。

92 むやみに〝被害者〟になってさわいではいけない

人のせいにしないほうが得をする

「これをやめたら、人間関係も人生も劇的に変わった」ということがあります。それは「なにかのせいにすること（だれかのせいにすること）」をやめたこと。

うまくいかないことをなにかのせいにするのって、ハッキリ言ってラク。たとえば、職場がギスギスした人間関係で、苦痛だとします。「面倒な同僚がいるから」「仕事が忙しすぎるから」「母の育て方で私の猜疑心《さいぎしん》が強くなったから」と、いくらでもなにかのせいにできます。だれかを悪者にすれば、自分は〝被害者〟になって優位な立場を保てます。

でも、それではすべては「手に負えないこと」になって、進歩も成長もありません。

「うまくいったことは、おかげさま。うまくいかないことは、身から出たさび」

私は、うまくいかないときは、そうつぶやくようにしています。「自分にも責任がある」と思えば、「うまくいく方法はあるはず」と解決の糸口を見つけようとしますし、ダメなら「自分で選んだことだから」と、それはそれとして受け入れることもできます。

人のせいにしてはいけない、もう一つの理由は、恨まなくてもいい人を恨んでしまうから。たとえば、元カレのことを「あの人のせいで、大事な時間をムダにした」などと、悪いことばかりにフォーカスして、恨みを引きずるのはよくある話。本当は楽しかったことも、よかったこともいろいろとあったはずなのに。

また、仕事のミスを「あの人があぁ言ったから」などとだれかのせいにすると、ジワジワとした恨みが態度に出て、人間関係がギスギスするようになります。お互いに、責任のなすり合いをして、信頼関係も築けないでしょう。助けてもらっていることもあったはずなのに、そこは見えなくなっているのです。

恨みは、百害あって一利なし。しかも長く引きずります。消化するには、よかったことに目を向けて「これはこれでいい」「これは仕方ない」と気持ちを切り替えることです。相手を責めなければ、一時的に損をしたようでも、得をすることがたくさんあります。いちばんは、心が軽くなって、人にやさしい目を向けられること。そんなやさしさの空気感が人にも伝わって、サポートしてくれる人が集まってくるでしょう。

「人のせいにしない」というのは、人に支えてもらいながら自分の道を歩き、結果を自分で引き受ける、という意味なのです。

93

人間関係を避けてしまうのは、〝魅力〟がイメージできていないから

「人間関係は面倒くさい」「一人でいるほうがラク」といった声が増えてきているような気がします。その理由はいろいろとありますが、人間関係に疲れているということでしょう。きっと人間関係の悪いところばかりが見えて、人とつき合う〝魅力〟がイメージできないことが大きいのではないでしょうか。

でも、自分を生かしてくれるのも、助けてくれるのも〝人間関係〟です。人を避けてばかりいると、ますます人が苦手になってくる。人間関係のスキルも身につかず、ますます苦手意識が強くなる……という悪循環です。

人間関係のスキルは、場数を踏むことによって磨かれていきます。

人が苦手になりそうな人に**【人間関係力を高めていくヒケツ】**をお伝えします。

1 「人間関係がよくなければならない」と肩の力を入れすぎない　人間関係を生活の

人間関係力を高めていくヒケツ

中心に考えると、自分の気持ちが後回しになったり、気を遣いすぎてしんどくなったりします。「人間関係はいいに越したことはない」くらいに、ゆるく考えてはいかがでしょう。気の合う人とは親しくつき合い、合わない人とは距離を保ってつき合えばいいという感覚で。

②　とにかく、よさげなことを試してみる

人間関係が悪くても生きることはできますが、よければ莫大なメリットがあります。この本に書かれたことで「これ、できそう」と思うことを、どんどん実践してください。「ありがとうを繰り返す」「意見を言ってみる」など小さなことでいいのです。小さな成功体験を重ねていけば、「人っていいな」「助けられている」と魅力を感じる場面が増えて、自信もついてきます。うまくいかないことも貴重な学び。「つぎは別の方法で」「ここは割り切ろう」などと見えてくるものがあるはずです。

③　「いいな」と感じる人をイメージしたり、真似たりする

まわりに「こういう関係っていいな」という人がいるのではないでしょうか。たとえば、若い女子なら「上司や先輩からかわいがられている」、30歳以上であれば「みんなから慕われている」など。そんな〝お手本〟を観察して、言葉や行動などいい部分を取り入れてみてください。「学ぶ」のは「真似る」が始まり。もちろん性格や資質があって、同じことをやってうまくいくとはかぎりませんが、やっているうちに自分なりの方法が見つかります。「こんな人になりたい」とイメージをもっていることは、今日の言葉や行動を変えていくのです。

94

ポジティブな言葉をためて使おう

ポイントカードよりもメリットがある

言葉というのは、人の心を操る大きな力があります。たったひと言で心臓をえぐられるように傷つくこともあれば、たったひと言でそれが回復することもあります。

人は自分を否定する言葉に傷つき、肯定する言葉で元気になれるのです。

もうひとつ、**言葉は「人の心にたまる」という性質があることも覚えておきましょう。**

一度、発した言葉はもとに戻すことはできず、よくも悪くも、相手の心にとどまります。

せっかく使うなら、人を元気にしたり、癒したり、ほっこりさせたりする肯定のメッセージを送り続けようではありませんか。ちょこちょこ送るのが大事。ポジティブな言葉は、お金も大きな労力もかからないうえに、ポイントカードよりもずっとメリットがあります。ひょっこりと、あなたを元気づけたり、助けてくれたりする言葉や行動となって返ってきます。ボーナスポイントのように、人生の大きなチャンスを手にすることもあるのです。

なにげなく言葉をかけたり、メモやメールにひと言添えたりするだけでいいのです。むしろ短いほうが心には届きやすい。大切なのは、そんなちょっとした言葉のストックをもっておくこと。ありきたりの言葉でも、相手にとってはうれしいもの。つぎの3つに分類すると、さまざまな場面で引き出しやすくなるでしょう。簡単な例をご紹介します。

1　感謝・喜び（なにかしてもらったとき、なにもないときでもOK）「ありがとう」「あなたのおかげ」「すごくうれしかった！」「あなたがいてくれてよかった」

2　労い・励まし（相手が元気がないとき、これからなにかをするとき）「なんとかなる」「なにかあった？」「これからは大丈夫」「気にしない」「たいへんだったね」「お疲れさま」「無理しないで」「楽しんで！」「一緒にやろう」「こんなこともある」

3　ほめ・信頼（相手のいいところを見つけたとき）「似合ってる」「さすが○○さん」「そういうところが好き」「よくなった！」「見習いたい」「頼りになる」「期待してる」「勉強になる」「尊敬！」「あなたならやれる」

言葉は、自分のキャラや相手との関係性、場面によって効果が違うもの。実際に使ってみて「これはいいな」と感じたら、自分の中にどんどんストックしてください。人からかけられてうれしかった言葉をいただいてストックするのもあり。肯定のメッセージは、人間関係の潤滑油。使える言葉を、ちょこちょこと送り続けていきましょう。

95

自分を許す「肯定的な言葉」をかけよう

心の中にポジティブな刷り込みを

自分に言葉をかける機会なんてないようですが、実際は口に出さないだけで、いつも自分自身とは心の中で話しています。朝起きたときに「疲れがとれないけど、明日は休みだからがんばろう」と励ましたり、大きな仕事が片付いたときは「よくがんばったから、自分にごほうびをあげよう」と労ったりすることもあるでしょう。

自分にかける言葉も、人にかける言葉と同じで、ポジティブな言葉を使いたいもの。「どうせ私なんてだれも認めてくれないし」「どうせ私なんかモテないし」なんて言葉をかけていたら、それが心の中に刷り込まれて、本当にそんな状態になってしまいます。「私にもできることがある」「私を好きになってくれる人もいる」と言ってあげましょう。

日ごろ自分にかける言葉が否定的か、肯定的かで、毎日の生活に大きく影響します。

人間関係においても、自分に肯定的な言葉をかけてあげたいもの。ですが、実際は結構、否定的な言葉を使っているのではないでしょうか？

「なんであんなこと、言っちゃったんだろう」「私って、どうして人の輪に入れないんだろう」「私のこんな性格はイヤだ」というように。つまり、自分を責め続けているのです。

これって、自分に対する一種の虐待のようなもの。だれも責めていないのに、自分のことが許せなくて、何度も思い出しては、自分を傷つけているのですから。

それでは、心が消耗して、ますます自信をなくしてしまうだけでしょう。

ここで、**心の中に一人の信頼できる親友をもっていると考えてください**。

そして、かけてあげる言葉は、「あなたは、そのままでいい」「あれはあれでよかった」といった肯定の言葉です。たとえ嫌いな人がいたとしても、どんな性格であっても、どんなことを言っても、人が許してくれなくても、「これでいいのだ」と、自分を許すのです。

あなたが、あなた自身の味方にならないで、だれが味方になってくれるのでしょう。

そして、「あなたはよくやった！」「非難されても、よく耐えた」「言いたいことを言ったのはよかった」と、自分をほめる言葉をかけてあげてください。

自分に対して、やさしくなれたら、人に対してもやさしくなれます。反対に、自分を責めている人は、口に出さなくても、同じように人のことを責めているはずです。

自分を責めそうになったら、心の中の親友になって、あたたかい言葉をかけてください。

96

SNSとは、気楽、気長につき合おう

SNSで旧交をあたためるコツ

SNSによって、人とつながることが、劇的に簡単になりました。

なかでも、同級生や、前の職場の同僚、引っ越したママ友などと旧交が復活するのは、うれしいものです。「子ども、こんなに大きくなったんだ～」「いまも、山登り楽しんでいるのね～」などと、近況をほほえましく眺めたり、うれしい報告にメッセージを送り合ったり。リアルな女子会を開いたり、助け合う友人になったりすることもあります。

しかし、本来は自由で楽しいはずなのに、「じつは少々ストレス」という声も。「自慢げな投稿に、モヤッとする」「自分も素敵な写真をアップしなきゃと義務感で投稿」「〝いいね〟の数が気になる」「コメントやメッセージが煩わしい」などなど。SNSは交流を楽しむための単なる〝道具〟。なのに、〝義務〟になって振り回されてしまうのです。

ストレスを感じずに、**【SNSで旧交をあたためるコツ】**は、気楽につき合うことです。

① SNSで不快になったら、見なくてもいい

人の投稿に対して自分と比べたり、評価しようとしたり、深く勘繰ったりするから、疲れるのです。無邪気な投稿は、「うれしかったんだね」と軽く流しましょう。リア充自慢をしている人も、結構しんどく感じているかもしれません。SNSは、切り取られた世界。見えない部分もあるのです。それでも、ウザいと感じるときは、その人の表示をオフにするか、SNSから一時、離れましょう。

② コメントが面倒になったら、「マメにチェックできません」と宣言

投稿やコメントの返信を、相手に強要しないのがSNSのマナー。「せっかくコメントしてくれたから返さなきゃ」と義務的に思い始めたら、「普段はあまりチェックしないの」などと伝えて。「SNSのグループで、コメントしないと疎外感を感じる」という場合も、したいと思ったときだけでOK。「たまにはするか」という程度のほうが、案外、歓迎されるものです。

③ SNSの〝マイルール〟をつくる

SNSとの楽しいつき合い方は、人それぞれ。SNS依存にならないためにも、「チェックするのは1日1回にする」「写真のアップは、このテーマに限る」「〝いいね〟を押すのは、本当にいいと思ったときだけ」「返信がなくても気にしない」など、自分なりのルールをつくっておきましょう。

メリットを利用して、自分なりにコントロールするのが〝道具〟の使い方。ほどよい距離感を見つけて、気楽、気長に楽しみましょう。

97

マインドフルネスで心の疲労ループから脱出しよう

「イヤな気分」を癒す方法

「数日前にあったイヤな出来事を引きずってしまう」「ついあれこれ考えて、気持ちが休まらない」など、イヤな気分を引きずりながら、いまを過ごしていませんか？

イヤな気分にとらわれると、それに感情も頭の中も支配されてしまう。なにをしていても「心、ここにあらず」の状態で、目の前のことに集中できないだけでなく、脳が疲れ切って、幸せを感じることができなくなってしまいます。

そこで、おススメしたいのが、マインドフルネスで小休止して心の向きを変えること。簡単な〝瞑想《めいそう》〟をすることで、頭を一時休止して、心の疲労ループから脱するのです。

瞑想には、いろいろな方法がありますが、**【マインドフルネスのいちばんシンプルな瞑想の方法】**をご紹介します。

1　ラクな姿勢で座って目を閉じる

②「呼吸をしている感覚」に意識を向ける　大きく鼻で腹式呼吸をして、空気が鼻を通る感覚、お腹がふくらむ感覚など（集中できないときは、呼吸を1、2、3……と数えて）。

③雑念が浮かんだら、また呼吸に意識を戻す

ポイントは、「雑念が浮かぶ自分ってダメだ」と責めないこと。そのことを「いい、悪い」とジャッジはしないで、ただ「雑念が浮かんだな」と事実を受け止めるだけです。

1回5分程度から始めるといいでしょう。長いと感じたら、1分でも3分でもＯＫ。イヤな気分に気づいたときだけでなく、仕事を始める前や朝起きたとき、寝る前など同じ時間、同じ場所でやると効果的。脳は〝継続〟〝習慣〟を好むのです。

マインドフルネスの基本は、「いま、ここ」に集中すること。心の向きを変えるエクササイズをすることで、イヤな気分が和らぎ、ストレスの感じ方がまったく違ってきます。

現代社会は大量の情報を受け入れるばかりで、脳がマヒしている状態。「いま」だけに集中することはむずかしいものです。移動のときは、スマホを見ないで外の景色を眺める、ランチは食べ物をゆっくり味わう、マッサージやストレッチをしながら自分の体の状態を確認する……そんな「いま、ここ」に集中することも、マインドフルネスの一つです。

普段の集中力や記憶力、想像力が高まる、自由なアイデアが生まれやすくなる、やりたいことに気づけるようになるなど、思った以上に効果は大きいので、ぜひお試しを。

98

どちらかが我慢している関係を解除しよう

親との人間関係

親との人間関係に悩んでいる人は多いものです。親からの〝呪縛〟というのは、結構しつこく、簡単にはなくなりません。「親とは普通に仲がいいです」という人でも、無意識に本当の気持ちを抑えることで表面的にいい関係が成り立っていることがあります。

とくに母親と娘との関係は、考えを「一致させたがる」という傾向があります。

子どものころは無力なので親の顔色をうかがい、親の価値観に従って生きようとします。それが大人になっても続くと、「親を悲しませてはいけない」と反対されるようなことはしないようにしたり、「親の望みを叶えたい」と自分を追い立てたり、責めたり。また、逆に、大人になって力をつけると、「お母さんはおかしい！」などと批判したりしてしまう。お互いに遠慮がない分、毒づくこともできるので、関係がこじれることも多々あります。

他人だと「人は人、自分は自分」で距離を置けても、「一致させたがる」ために、どちらかが我慢してしまう関係になるのですね。

この呪縛を解くためには、「親には親の道があり、自分には自分の道がある」と、お互いの自由を認めるしかないでしょう。親に対して、下から目線でも、上から目線でもなく、同じ「大人の人」として、心の距離感をもってまっすぐに同じ目線で見ようとするのです。

このクセをつけることで、「考え方が違うのは、あたりまえ」「それでいいのだ」とフェアに考えられるようになります。相手の言葉にムキになることも少なくなるはずです。

もし自分の行動に対して、親が悲しんだとしても、親の感情については、親に責任があります。多少の罪悪感を覚えるでしょうが、自分が心からそうしたいと思えば、自分の感情や考えに従っていいのです。「ワガママになれ」「親から離れろ」と言っているのではありません。親の気持ちも、自分の気持ちも、それはそれとして認めたうえで、自分を通したり、譲れるところは譲ったり、意見を聞いたりして、折り合いをつけていくのです。

結局、親がいちばん喜ぶのは、「娘が幸せであること」です。親の意に沿えなかったところは、その分、「あなたが生んでくれたから、自分の道が歩けているよ。ありがとう」と喜びを何度も伝えてください。自分ができることを、親にしてあげてください。自分より先に老いていく親を、自分と同じ一人の人として認め、敬意をもって接してください。

そんな自立した幸せな女性になることが、本当の意味での親孝行だと思うのです。

99 狭い人間関係でもいいんです

友だちが少なくて
なにが悪い

「〝ご縁〟って言葉をストレスに感じている人、多いみたい」と、ある友人が教えてくれました。さまざまな集団に関わったり、SNSでつながったりと、たくさんの人と接して生きる現代社会で、「ご縁があって出会った人は大切にしよう」としていたら、たちまちキャパオーバーになるでしょう。人とつき合うことだけで人生が終わってしまいそうです。

〝ご縁〟とは、継続することではなく、循環していくもの。来る者もあれば、去る者もあり。疎遠になる人は、自分にとっての役割を残していってくれたということでしょう。

いえ、広い交友関係もいいのです。なかには、多くの人にマメにメッセージを送ったり、あちこちの飲み会に参加したりしていて、自分の家庭もちゃんと守っている……という器用な人もいます。「ビジネスに役立てたい」「地域に親しみたい」「婚活をしたい」などの目的があるときも、広く交流するのは有効でしょう。

　しかしながら、「友だちは多いほうがいい」と考え、人と群れてストレスになっていたり、「友だちが少ない自分は、魅力や価値がないからだ」などと凹んでいたりしたら大間違い。〝数〟よりも〝質〟が大切。狭い人間関係でもいいのです。**どれだけ〝喜怒哀楽〟をともにできるか、でしょう。**

「友情は喜びを2倍にし、悲しみを半分にする」とはドイツの詩人、シラーの言葉。人の幸せを自分のことのように喜べたり、ネガティブなことも気楽に話せたり、頼み事をし合ったりできるような友だちは、それほど多くはないはずです。お互いを理解し合って親身になるには、それなりのコミュニケーションと時間が必要ですから。

「人間関係は狭くてもいい」とわかっている人は、人生を充実させるために、無意識に、人脈を整理しているものです。無理せず、自然に続いている気の合う友人を大切にします。話が合わないにもかかわらず、わざわざ時間をつくることは、なんのトクにもならないことを知っているのです。

　人間関係が狭ければ、その一人ひとりの状態や、近況を把握しやすくなります。話を聞いたり、贈り物をしたり、困ったときは助けたりというケアも丁寧にできます。

　これは、家族や恩人も含みます。**自分にとっての大切な人を大切にすることが、人間関係の基本だと思うのです。**

100 「ひとり時間」と「一緒の時間」は、どちらも必要

ひとりを楽しむ、
人間関係を楽しむ

人間関係は、なによりも自分との関係が基本です。「自分はどんな状態か」「自分がなにをしたいのか」と、自分の心の声を聴くことは、自分を大切にしていること。自分を大切にしている人は、人も大切にできるし、人からも大切にされます。

反対に、自分にやさしくなれず、不満がある人は、人にもやさしくなれないでしょう。

そのためには、1日、わずかでも「ひとり時間」をもつことが大事。一人ランチをしてもいいし、公園でぼーっとするのも、趣味に没頭するのもいい。家族と一緒で一人になれない人は、お風呂の時間、移動時間を、特別なひとり時間にするのもいいでしょう。

忙しいときほど自分自身を見失いやすく、疲れもたまりやすいもの。冷静なときなら笑ってすませられるようなことも、余裕がないとイライラして摩擦を生んでしまいます。

なにからも制約されない自由な時間をもつと、トラブルがあっても、状況を冷静に見つ

めて、「あの人はあんな性格だから、気にしなくてもいい」「あの人もいいところがある」などと、自分会議をするように心を立て直すことができます。

また、日常生活は、つねになにかの情報を受け取って、それに対処している受け身の状態。一人になって心をゆるめることで、いままでたくさんの小さな物事を見逃していたことに気づくでしょう。いつも通り過ぎるだけだった道に咲いている花の美しさに気づいたり、読みたかった本を思い出したりするかもしれません。

自分の内面と深く対話することで、自分の世界を成熟させていくこともできるのです。

人と一緒の時間のなかに、自分一人では得られないすばらしいものがあることも、ひとり時間は気づかせてくれます。一緒に感動したり、一緒に問題を解決したりする喜びだけでなく、「人の幸せに貢献すること」が自分の幸せになっているという喜びも。

「ひとり時間」「一緒の時間」、どちらもないと心は疲弊します。そのバランスは人それぞれですが、一人で過ごすことの多い人は、できるだけ人と「一緒の時間」をもち、反対に、人と一緒の時間が多い人は、できるだけ「ひとり時間」をもつことをおすすめします。

ひとりを楽しめるようになると、人に依存や期待をすることがぐんと減って、代わりに敬意や感謝をもてるようになります。人と過ごすのがもっともっと楽しくなるはずです。

装幀　小口翔平＋上坊菜々子（tobufune）
装画　北村みなみ

〈著者略歴〉
有川真由美（ありかわ　まゆみ）
鹿児島県姶良《あいら》市出身。台湾国立高雄第一科技大学修士課程修了。作家・写真家。化粧品会社事務、塾講師、科学館コンパニオン、衣料品店店長、着物着付け講師、ブライダルコーディネーター、新聞社編集者など多くの転職経験を生かし、働く女性のアドバイザー的存在として書籍や雑誌などで執筆。
著書に、ベストセラーとなった『感情の整理ができる女《ひと》は、うまくいく』『30歳から伸びる女《ひと》、30歳で止まる女《ひと》』（以上、ＰＨＰ研究所）や、『遠回りがいちばん遠くまで行ける』（幻冬舎）、『「時間がない」を捨てなさい――死ぬときに後悔しない８つの習慣』（きずな出版）等がある。

女子が毎日トクをする 人間関係のキホン

2018年３月30日　第１版第１刷発行
2018年６月４日　第１版第２刷発行

著　者　有川真由美
発行者　後藤淳一
発行所　株式会社ＰＨＰ研究所

京都本部　〒601-8411　京都市南区西九条北ノ内町11
第三制作部人生教養課　☎075-681-5514（編集）
東京本部　〒135-8137　江東区豊洲5-6-52
普及部　☎03-3520-9630（販売）

PHP INTERFACE　https://www.php.co.jp/

制作協力
組　版　株式会社PHPエディターズ・グループ
印刷所
製本所　図書印刷株式会社

ISBN978-4-569-84005-5

PHPの本

やりたいことは、今すぐにやれ！

有川真由美　著

世の中は、いちばん自分が優先したことが手に入る仕組みになっている！　自分の「好きなこと」が現実になる、とっておきの行動習慣！

定価　本体一、一〇〇円（税別）